JN116457

ひとりで学べる経営学

[改訂版]

三戸 浩・池内秀己・勝部伸夫 [著]

文眞堂

はじめに

　本書は，経営学に初めて接するビジネスマンや大学生・短大生・専修学校生が，他の手引き書や指導がなくても，独力で経営学の基本的な知識・理論を学べるよう工夫した書である。

　現代は企業中心の社会といわれる。企業は私たちが生活していく上で必要な財やサービスを提供するだけでなく，多くの人びとを雇用し，各種の納税によって国家財政の大きな部分を負担している。また近年では，文化・スポーツや教育・研究への援助も行っている。私たち現代人にとって，企業抜きの生活は考えられないし，企業の適正な運営がなされなければ，社会そのものの存続が不可能となるであろう。とりわけ，大企業は決定的な社会的影響力を有しているといってよい。

　このような企業の組織や管理について研究するのが経営学である。

　従来の経営学では，企業が成長・発展するためにはどうすればよいかという問題が中心に論じられてきた。だが，企業の活動によって社会は豊かになり，私たちは飢えや寒さから解放された反面，自然環境の破壊や多くの社会問題が引き起こされている。それゆえ，現在では「企業の社会的責任」や「社会貢献」の必要性も叫ばれるようになってきた。したがって，企業の成長・発展と同時に，「企業と社会」という視点から，現代企業がいかなる問題を抱えているか，社会とどのように調和すべきかを考えることが，現代における経営学への要請といってよい。

　こうした視点から企業をみていく上での重要なポイントとしては，次の4点があげられる。

　第一に，企業変容とそれへの対応の問題。19世紀後半から20世紀にかけて，「大企業」が成立することにより，企業はその性格・構造を大きく変えた。かつて，株主の私有財産と考えられていた企業が，広範なステークホルダー＝利害関係者（株主・経営者・従業員・銀行・顧客・取引先・地域社会）を抱え，社会的・経済的にも巨大な影響力をもつ準公的な制度体へと変化をとげたのである。このような企業そのものの変容や，これをとりまく環境の変化，社会的インパクトの高まりに対して，どのように対応すべきか。とりわけ，大企業に蓄えられてきた巨大なパワーを，社会にどのように活かしていくべきか。近年，話題を呼んでいるコーポレート・ガバナンスの論議も，こうした企業変容のもとで，企業は誰のものか，いかに動かされなければならないかを問うものに他ならない。

　第二に，組織・管理の問題。市場の拡大や企業自体の大規模化に対応して，企業は高度で複雑な管理を必要とする組織となり，専門経営者によって動かされるようになった。企業の行動は経済学的な企業家の個人行為から，複数の人びとによる組織の目的達成のための協働行為へと変わり，経営もヒト・モノ・カネを集め結合することから，組織の維持・発展（＝管理）へと変化した。その点で，組織論・管理論は現代経営学の中核をなしている。

　第三に，企業の国際化の問題。現代企業は市場規模の拡大や企業活動そのものの変化にともなって国際化・多国籍化しており，それが組織・管理や他国との関係において多くの問題を生んでいる。

　第四に，日本的経営の問題。日本企業は欧米にはない独自性・特殊性をもっている。こうしたユニークさが，日本的経営の優秀さの基礎であるとともに，内外から賞賛と非難を同時にあびている。とりわけ，バブル経済の崩壊以降は，かつて日本の経済発展の原動力

といわれた日本的経営の限界・転換が論じられるようになった。日本的経営をどう捉えるか。その動向はどう展望されるかも，経営学にとって重要な問題である。

　以上のような問題に立って，「企業と社会」という視点から，経営学の基礎的な知識を厳選し，整理・体系化したのが本書である。本書の章構成は次のようになっている。

　第1章「現代社会と企業」では，本書の総論として，現代日本企業の現状はじめにiiiを概観した。そして，現代企業を考える上での基本的な視点が論じられる。とりわけ「大企業」は，本書を通じての重要なキーワードである。

　第2章「企業論」では，企業とは何かが多様な視点から論じられる。ここでは大企業の成立によってもたらされた現代企業の性格そのものの変容と，それにともなう企業行動や利潤の意味の変化が問題提起される。

　第3章「組織と管理」では，企業の維持・拡大の問題，すなわち，組織と管理の問題がこれまでどのように論じられてきたかを述べる。ここでは企業だけでなく，官庁・学校・病院など，あらゆる経営体に共通した組織と管理の問題が扱われている。

　第4章「日本的経営」では，わが国経営の独自性として，日本型人事システムと企業様式（日本型株式会社制度と企業結合様式：企業集団・企業系列）を取り上げ，その機能性と問題点を論じる。日本的経営の近年の動向についても言及する。

　第5章「企業経営と国際化」では，企業の多国籍化や組織・管理の変化など，経済のグローバル化によって引き起こされた諸問題が論じられる。

　第6章「企業の社会的責任」では，絶え間ない環境の変化や企業そのものの変容のなかで，企業が何を行い，何を行ってはならないか，現代企業への課題・要請は何かを問題提起する。

　私たちの生活や社会のあり方そのものが，企業の動向に大きく左右されることを考えたとき，経営学は一部の経営者・管理者だけでなく，現代に生きるすべての人びとにかかわる学問であることがわかるであろう。本書によって，皆さんが「**企業と社会**」という視点から，企業や経営に対する理解を深められることを願ってやまない。

　なお，章末の「学習ガイド」とは，従来のように問題に対する模範解答を用意するのではなく，皆さんが企業や経営の問題を，自分の問題として自ら考え，自分なりの答えを得ることが出来るように工夫した。学習の助けになれば幸いである。

　なお，本書は三戸公監修『最新経営』（一橋出版，1996 年）をもとに，その内容とデータを一新したものである。文眞堂からの出版にあたっては，文眞堂の前野隆氏にご尽力頂いた。深く感謝の意を表したい。

　　2006 年 5 月

　　　　　　　　　　　　　　　　　　　　　　　著者一同

補訂版の発行にあたって

　本書は 2006 年に発刊されたが，今回ありがたいことに重刷の運びとなり，それを機に内容を一部改めることとした。

　発刊後 6 年が経ったが，欧州経済危機のみならず日米経済の停滞・翳りに見られる資本主義の「限界」，日本大企業にひそかに進む「官僚制化」，アジア市場に「流出する日本企業」，高齢化による「市場の縮小と高齢者雇用問題」，そして東電福島原発事故に見られる「取りきれぬ責任（CSR）」など，経営学を考えていくに当たり，考慮すべき問題は多く，大きい。

　それらの問題を意識して内容を変える方が読者には親切であろう。だが，本書はハンディ，コンパクトであることが「使いよい」と評価された『最新経営』（一橋出版）を文眞堂版として改訂する際に，「ひとりで学ぶ」というコンセプトの重要性を改めて確認している。不確実な環境下で企業の動向を判断するには，やがて鮮度が失われる情報を追うより，自ら考え，問題解決につながる知識を自ら学ぶ力が必要である。そのためのベーシックでスタンダードな経営学の視点と知識の提供という本書の性格を重視して，「厚くしないこと」を心がけ，データ・資料の最新化を図り，図表の改訂とコラムのテーマの変更を行ったのが，今回の「補訂版」である。

　この本で学ばれる方は，本書のコンセプトに従い，章末の参考文献や新聞・雑誌・ネットなどを自ら併用し，現代社会の経営学を学んで頂きたい。

　　2012 年 8 月

著者一同

改訂版の発行にあたって

　本書は，「他の手引き書・指導なし」で，「経営学の初学者が基本的な知識・理論を独学できる」書として 2006 年 6 月に刊行され，2012 年の補訂版に続き，このたび二回目の改訂のはこびとなった。

　21 世紀も 20 年を過ぎ，グローバル化・IT 化の加速，大競争時代の到来，株主主権・市場中心主義の主張，「9.11」「3.11」「with コロナ」以降の政治・経済・社会の激変と，企業環境は激動の一途を辿る。今回の改訂版では，現代企業の最新動向を読み解くために全体のデータを更新するとともに（旧データを意図的に残した箇所もある），第 2 章に「コーポレート・ガバナンス」を追加し，第 5 章「企業経営と国際化」を「企業経営とグローバル化」に大幅改訂した。

　この 1, 2 年で，企業をめぐって急速に浮上した動きとして，(1)「脱二酸化炭素」「廃プラスチック」と，(2)「job 型雇用」「同一労働・同一賃金」のふたつがある。前者は 20 世紀の豊かで便利な社会を実現した大企業・大量生産体制を，後者は従来の日本企業・社会の在り方を問い直す問題であり，その将来を左右する可能性をもつ。これらの動向はまだ明確でないため今回の改訂で直接扱っていないが，第 6 章の内容はこの問題を考える手がかりとなろう。

　章末「学習ガイド」は各章の確認・自習に加え，レポート課題にも使えるよう工夫した。判型も新たに一層手軽な使用を考慮した。

　今回の企画・編集にあたり，文眞堂の前野眞司さんより筆舌につくせぬほど多大のご支援・ご高配を頂きました。前野さんのご尽力なくして改訂版の完成はあり得ません。心より，お礼申し上げます。

　2021 年 4 月

著者一同

目　　次

第 1 章

現代社会と企業

この章のポイント

① 企業は，人びとの生活，社会に必要不可欠なものとなっている。

② 企業は，大企業となったとき，人びとに決定的な影響力を与えるようになった。

③ 企業により，人びとの生活，社会は大きく変貌を遂げてきた。

④ 人びとは，企業から収入・社会的地位・生きがいを，また，生活必需品だけでなく，生活を楽しむためのモノやサービスを提供されている。

⑤ 企業は，最初は市場を介して人びととつながっていたが，大企業となることにより，それ以外でのつながりが大きくなってきた。

Ⅰ　現代日本企業の状況

はじめに

　もし，大企業というものがなくなったら，私たちの生活はどうなるのだろうか。

　食べ物はスーパーなどの大規模小売店ではなくて，近所の小さな店で買うとしても，生産地から運んでくるのは運輸業者に頼っているし，衣類だって糸や生地は大企業がつくっているのだから自分だけでつくったことにはならない。どこかに行くにしても鉄道・バスなど（公営・民営の）交通機関を利用せずしてどこまで行けるだろうか。TV・ビデオ・オーディオや映画館・遊園地などの娯楽もなくなってしまう。何よりも，電気とガスのない生活など考えられない。それに，就職の問題だってある。

　企業（大企業）が現代社会で果たしている主な役割には，次のようなものがある。

①　人びとが生活していく上で必要な財・サービスの提供
②　人びとの雇用
③　国家財政の大きな割合を占めるさまざまな税金の納付
④　文化・スポーツや研究・教育への援助

1　大企業の大きさ

　企業にはいろいろな種類・規模のものがある。中小企業はその数は多く，重要な働きをしていることはまちがいない。だが，小売店はメーカー・運輸業の大企業があって成り立つものだし，町工場などはメーカーの部品をつくっている所がほとんどだ。大企業は数ではわずかかもしれないが，その重要性はきわめて大きい。

図表 1-1　売上高が大きい日本企業（連結）トップ 10

順位	企業名	売上高
1 位	トヨタ	29 兆 9,299 億円
2 位	ホンダ	14 兆 9,310 億円
3 位	三菱商事	14 兆 7,797 億円
4 位	日本郵政	11 兆 9,501 億円
5 位	NTT	11 兆 8,994 億円
6 位	伊藤忠商事	10 兆 9,829 億円
7 位	ENEOS	10 兆 0,177 億円
8 位	日産自動車	9 兆 8,788 億円
9 位	日立製作所	8 兆 7,672 億円
10 位	イオン	8 兆 6,042 億円

(注)　1〜9 位は 2020 年 3 月期決算の売上高，10 位のイオンは 2020 年 2 月
　　　期決算の売上高。
(出所)　日本経済新聞社 HP　2020 年 10 月 1 日更新。
　　　《https://www.nikkei.com/markets/ranking/page/?bd=uriage》
　　　（アクセス日：2020/11/20）

　大企業がどれほど大きなウェイトを占めているか数字でみてみよ
う。

　日本には，企業が約 557 万社も存在する（2016 年）。

①　そのうち，従業員数 300 人以上の企業は約 12,223 社で，全
　企業数の 0.2％を占めるにすぎない。

②　だが，その大企業の総売上高をみてみると，全企業の総売上
　高の実に 52.5％を占めている。

③　また，大企業に雇用されている従業員数をみると，全企業に
　雇用されている従業員数の 14.6％を占めている。

　経営学は，主にこうした大企業を対象とする学問であり，現在，
主流となっている経営学は，20 世紀の大企業が成立したアメリカ
で企業の管理の学として誕生した。そして，その内容は大企業の性
格・あり方や構造，経営・管理を問題とする学問といえよう。

●企業規模

　企業規模を示す目安としてはさまざまなものが使われているが，通常は資本金，売上高，従業員数，株式市場に上場しているか，などが用いられている。ここでは，上場企業について簡単に説明しよう。

　大企業はそのほとんどが株式会社である。株式会社は一定水準の基準を満たすと，株式市場で自社の発行する株式を売買する資格を得ることができる。この資格を得ると「上場企業」とよばれ，資本調達面，社会的認知度，信頼度などで有利になる。

　上場にも1部・2部・その他（マザーズ，JASDAQなど）の3ランクがあるが，通常，大企業とよばれるものは，第1部上場企業である。2020年11月現在の上場企業の数は，次のとおり。

上場企業数…4,141社（2020年9月18日時点）

	東京・大阪			名古屋	札幌	福岡
1部	2,176			195	48	93
2部	481			82		
	（マザーズ）326	（JASDAQスタンダード）663	（JASDAQグロース）37	（セントレックス）14	（アンビシャス）10	Q–Board 16

（出所）東洋経済新報社『会社四季報』2020年4集 秋号より作成。

　現在日本では，東京・大阪・名古屋のほかに札幌・福岡で株式市場が開かれている。

2　企業の変容

　鉄道・通信などのインフラストラクチュアの発展で，**市場**（商品を買ってくれる人びと）の範囲が拡大したことにより，大企業は誕生した。すなわち，大量流通が可能になったことにより，大量生産が可能となったのである。

　大量の製品を生産し，広範囲の地域に販売するようになった企業＝大企業は，それまでの企業とさまざまな面で異なるようになった。

　　①　大量の**資本**が必要になり，一部の**資本家**以外からも大量に株
　　　式という形で資本を調達するようになった。
　　②　多数の労働者を雇うようになった。
　　組織や労働者の管理のための専門家＝経営者・管理者を多数必要
5　とするようになった。
　　ここであげた変化は主なものでしかないが，このような変化は，
企業と社会の性格を大きく変容させた。
　　まず企業は，それまで一部の資本家の利益のための手段であった
ものから，労働者や消費者という社会の構成員全体のために必要不
10　可欠のものとなった（これを**私的致富手段から社会的器官への変貌**
とよぶ）。倒産したり，譲渡売却さたりすることが当たり前であっ
た企業は，大企業となると何よりも維持存続していくことが要請さ
れるようになったのである（**ゴーイング・コンサーン化**）。
　　また，国家・地域にとって，企業の影響力が非常に大きくなり，
15　社会の繁栄は企業の動向に左右され，社会は産業社会とか企業社会
とよばれるようになったのである。
　　企業は現代社会にとって，いいかえるとわれわれが生活していく
上で，必要不可欠で決定的な存在になったといえよう。

Ⅱ　企業と個人のかかわり

20　## 1　企業と社会を結ぶもの〜企業と市場

　　企業と社会，企業と私たちの間には市場とよばれるものが介在し
ている。すなわち，私たち・社会と企業は市場によって結びつけら
れている。経済学的には，企業とは次のように表現することができ
るだろう。
25　　企業は，商品を生産するために，各種の市場という場で，原材

料，生産するための土地・建物・機械，資本・資金，労働力などを購入する。それらヒト・モノ・カネ・情報を結びつけて商品をつくり出し，消費者のニーズに応えることにより利潤を獲得する存在である。

　私たちは消費者として企業とかかわるとき，商品市場において求める商品を得て，代価を支払う。また，労働者として企業に雇用されるときは，労働市場において労働を提供する代価として賃金を得る。株主になるときは，株式市場で株式を購入するのである。

　だが，企業が大規模化してくると，企業と社会を結びつけるのに市場にただ任せておくわけにはいかなくなり，新しい対応が求められるようになってきた。その変化は以下のようにまとめられよう。

　①　大規模化により，**寡占企業・独占企業**が生まれ，市場が円滑に機能しなくなってきた。そこで政府の介入が生じた。

　②　大規模化することにより，企業の経営・組織の管理が重要問題になってきた。部品・原材料を自社で生産するようになったり，商品の販売も自社で行うようになってきた。また，必要とする労働の内容が，肉体労働から知識・精神労働へと変化し，ホワイト・カラー層が誕生した。

　③　**公害・環境問題**，地域問題など，市場では解決できない現象が次々に生じてきた。

2　株主の変化

　図表1-2にあるように，現代大企業の株主は膨大な数となっており，現代社会の株主は一握りの資本家ではなくなっており，また個人の名前を見つけることはできない。このような状況を
「**人民資本主義**」とよんでいる。
people's capitalism

　このような株主の大多数はその持ち株数も多くはなく，中小株主，群小株主などとよばれ，配当や株式の値上りを目的として株式

図表 1-2　株主数が多い日本企業トップ 10（2019 年度）

順位	会社名	単元株主数（人）
1 位	みずほフィナンシャルグループ	991,573
2 位	イオン	788,171
3 位	第一生命ホールディングス	751,365
4 位	三菱 UFJ フィナンシャル・グループ	717,702
5 位	ソフトバンク	700,562
6 位	日本電信電話	635,051
7 位	日本郵政	621,861
8 位	オリックス	592,242
9 位	日産自動車	587,075
10 位	日本たばこ産業	505,610

（注）株式分布状況調査（単元数ベース）「1-15 会社別単元株主数順位（上位 120
社）」より作成。
（出所）東京証券取引所 HP「株式分布状況調査」2020 年 9 月 11 日更新。
《https://www.jpx.co.jp/markets/statistics-equities/examination/01.html》
より作成。（アクセス日 2020/10/25）

をもつ。かつての資本家たちのように企業を支配しようとは考えて
いない。

　変化は株主数だけではない。例として，トヨタの十大株主をみて
みよう。

5　筆頭株主の日本トラスティ・サービス信託銀行は実に 3 億 5673
万株ももっているにもかかわらず，その持ち株比率はわずか 9.51％
と 1 割にも及ばない。それは，トヨタの発行済み総株式数は 37 億
株以上にも及ぶためである。このことから，大規模化は，**大株主**の
力を大きく後退させていることがわかる。

10　十大株主をみわたしたとき，そこに個人の名前がないことにも気
づくであろう。もはや，何千万株も株式を所有するのは個人では不
可能に近くなっている。大企業の大株主のなかで，個人はわずか
5％にも満たなくなっているし，また，全株主のなかでも 20％を超
える程度にしか存在できなくなっている。現代大企業の株主は主に

図表 1-3 トヨタの十大株主

（発行済株式総数 3,759,842 千株）2020 年 3 月末

株主名	株数	比率
日本トラスティ・サービス信託銀行株式会社(株)	357,634 千株	9.51%
(株)豊田自動織機	238,466 千株	6.34%
日本マスタートラスト信託銀行(株)	201,990 千株	5.37%
日本生命保険（相）	127,332 千株	3.39%
ジェービーモルガンチェースバンク	101,530 千株	2.70%
(株)デンソー	89,915 千株	2.39%
ステートストリートバンクアンドトラストカンパニー	78,582 千株	2.09%
三井住友海上火災保険(株)	56,814 千株	1.51%
資産管理サービス信託銀行(株)	51,089 千株	1.36%
東京海上日動火災保険(株)	51,064 千株	1.36%

（出所）トヨタ HP「株式構成」《https://global.toyota/jp/ir/stock/outline/》より作成。（アクセス日：2021/01/26）

大企業（特に機関投資家）なのである。

3 従業員

a．大多数がサラリーマン

トヨタを筆頭に，大企業には 1 社だけで数千～数万人の従業員がつとめており，この数字は町や市の住民数に匹敵している。

ただし，この表の数値は正規従業員の数であり，パート・アルバイトなどの非正規従業員は総数で平成 29 年では 2000 万人を超える（全従業員の 37.3%），また女性は男性の約 2.2 倍となっている。

20 世紀の前半まで人びとの大多数は，農林漁業という一次産業に従事しており，自給自足の時代とそれほど大差ない生活をしていたといえよう。だが，多くの人びとは企業に雇われ，都市で生活するようになってきた。21 世紀に入った現在では，男子勤労者のおよそ 8 割が企業に雇われ，いわゆるサラリーマンとよばれるようになっている。

図表 1-4　従業員数が多い日本企業トップ 10

順位	企業名	従業員数
1 位	ヤマト運輸	183,249
2 位	トヨタ自動車株式会社	74,132
3 位	パナソニック	60,455
4 位	佐川急便	56,266
5 位	東日本旅客鉄道	51,560
6 位	デンソー	45,280
7 位	三菱電機	35,649
8 位	日本通運	34,449
9 位	富士通	32,568
10 位	日立製作所	31,442

（注）1. 東洋経済新報社『会社四季報』2020 年 4 集 秋号から連結従業員数 TOP20
　　　　調べ，それぞれの単独企業従業員数を調査。
　　　2. 次に，『ひとりで学べる経営学』の図表 1-4 従業員数が多い日本企業トップ
　　　　10（2012 年 3 月）に記載されていた企業 10 社の，2020 年の単独従業員数を
　　　　調査。
　　　3. 最後に，1. と 2. で計上した単独企業従業員数から，今回の TOP10 を作成。
（出所）東洋経済新報社『会社四季報』2020 年 4 集 秋号，各社 HP より作成。

図表 1-5　男子雇用者数の変化

年	(a) 就業者数	(b) 雇用者数	(b) ／ (a)
1973	3,235	2,406	74.4%
1983	3,469	2,701	77.9%
1988	3,602	2,848	79.1%
1998	3,858	3,243	84.1%
2003	3,719	3,158	84.9%
2013	3,610	3,147	87.2%
2018	3,717	3,264	87.8%

（出所）厚生労働省「労働統計年報」より作成。
　　　　厚生労働省 HP「統計情報・白書」より作成。《https://www.mhlw.go.jp/
　　　　toukei/youran/indexyr_b.html》（アクセス日：2020/11/9）

　人びとは，企業につとめることにより，収入と社会的地位，そし
て，能力の発揮・生きがいなどを得るようになってきている。

b．上昇してきた賃金

　日本は，戦後，驚異的な高度経済成長を遂げ，たちまち先進諸国並みの経済力を獲得した。この高度経済成長とともに，雇用者の収入は大幅に上昇していった。現在では30年前に比べて実に約3倍の収入を得るまでになった。1980年代にはすでに，1人当たりの国民所得は世界でもっとも高いといわれるまでになっていたのである（ただし，21世紀に入ると，逆に下がってきている）。

図表1-6　月給の変化（30人以上の事務所）

年	月給額	指数（a）	指数（b）
1974	154,967	100	41.7
1979	247,909	160.0	66.7
1984	310,463	200.3	83.6
1989	357,079	230.4	96.1
1994	401,128	258.8	108.0
1999	396,291	255.7	106.7
2004	377,853	243.8	101.7
2009	356,720	230.2	96.0
2014	367,942	237.4	99.1
2019	371,408	239.7	100

（注）1．指数（a）は1974年を，指数（b）は2019年を基準にした。
　　　2．e-Stat「毎月勤労統計調査　全国調査　時系列表　実数・指数累計データ
　　　　　表番号1」を参照して作成した。
　　　3．「月：年平均，産業分類：調査産業計，規模：30人以上〈0〉，就業形態：す
　　　　　べて〈0〉，現金給与総額」の数値を記載。
（出所）厚生労働省「毎月勤労統計調査」
　　　　《https://www.e-stat.go.jp/stat-search/files?page=1&layout=datalist&toukei
　　　　=00450071&tstat=000001011791&cycle=0&tclass1=000001035519&tclass2=
　　　　000001144508》より作成。（アクセス日：2020/11/16）

c．消費生活の激変

　この所得の伸びにより，人びとの生活は急速に変化していった。電気冷蔵庫やカラーテレビなどの家電商品は，1970年代にはほと

図表 1-7　コンビニエンス・ストアの変化

年	店舗数(店)	指数	売上高	指数	客数	指数	客単価(円)	指数
2008	40,889	100	7兆8,570億円	100	13兆2,823億人	100	591.5	100
2010	42,704	104.4	8兆0,175億円	102.0	13兆8,920億人	104.6	577.1	97.6
2012	44,520	108.9	9兆0,272億円	114.9	14兆9,018億人	112.2	605.8	102.4
2014	49,493	121.0	9兆7,352億円	123.9	16兆0,610億人	120.9	606.1	102.5
2016	53,150	130.0	10兆5,070億円	133.7	17兆1,753億人	129.3	611.8	103.3
2018	55,310	135.3	10兆9,646億円	139.6	17兆4,266億人	131.2	629.2	106.4

(注) 1. 指数の基準は，いずれも2008年。
　　　2. 店舗数は1月の数値，売上高，客数，客単価は年合計。
　　　3. 「コンビニエンスストア統計列データ」は最も古いのが2008年。
(出所) 一般社団法人日本フランチャイズチェーン協会HP「コンビニエンスストア
　　　統計時系列データ」
　　　《https://www.jfa-fc.or.jp/particle/320.html》より作成。(最終アクセス日：
　　　2020/11/16)

んどの家庭に行き渡るようになり，自動車は地方では一人一台も当たり前になってきている。企業は，ある商品が行き渡るようになると，次々とそれに続く新しい商品を開発し，家庭に送り続けてきた。たとえば，冷蔵庫や洗濯機に続き，エアコン，電子レンジ，ビ

5　デオデッキ，さらに近年ではDVDプレーヤー，デジタルカメラ，PC，スマホというふうに，家庭にさまざまな便利さ・快適さを提供する商品を生み出してきている。また，まったくの新商品ではなくても，改良版や大型化（あるいは小型化）した商品をつくり，人びとはそれらを買い続けてきた。家電製品などのモノを買うだけでな

10　く，外食や電話・インターネット，映画，音楽，旅行などのサービスという商品にも次々と支出するようになった。そして，これら商品の購入が企業を成長させ，そこで働く人びとを増やし，収入を上げてきたのである。

図表 1-8　耐久消費財の普及度

(数値：%)

年	カラーテレビ	ルーム・エアコン	VTR	光ディスプレーヤー・レコーダー	乗用車
1984	99.2	49.3	18.7	—	64.8
1989	99.3	63.3	63.7	—	76.0
1994	99.0	74.3	72.5	—	79.7
1999	98.9	84.4	77.8	—	82.5
2004	99.0	87.1	82.6	35.4	86.0
2009	99.4	87.9	—	73.1	83.2
2014	96.5	90.6	—	71.3	81.0
2019	96.7	90.6	—	72.3	79.6

年	パソコン	携帯電話		カメラ	デジタルカメラ
		スマートフォン	スマートフォン以外		
1984	—	—	—	—	85.7	—
1989	11.6	—	—	—	85.3	—
1994	13.9	—	—	—	86.4	—
1999	29.5	—	—	—	83.7	—
2004	65.7	85.1	—	—	72.3	51.8
2009	73.2	90.2	—	—	—	69.2
2014	78.7	93.2	54.7	73.7	—	76.5
2019	77.3	93.8	78.4	46.0	—	65.6

(注) 1. e-Stat　消費動向調査より作成。
　　　長期時系列《https://www.e-stat.go.jp/stat-search/files?page=1&layout=datalist
　　　&toukei=00100405&tstat=000001014549&cycle=0&tclass1=000001124935&
　　　tclass2=000001128196&tclass3val=0》（アクセス日：2020 年 11 月 21 日）
　　2. 途中で調査が終了していた「電気冷蔵庫」と「電気レンジ」の 2 項目を外
　　　し，「携帯電話」「スマートフォン」「スマートフォン以外」の 3 項目を追加。
(出所) 内閣府経済社会総合研究所景気統計部「消費動向調査」平成 31 年「主要耐久
　　消費財の普及率の推移（二人以上の世帯）」より作成。

図表 1-9　電気通信の変化

年	電話加入者	携帯電話契約者	PHS	無線呼び出し契約
1993	5,765 万人	171 万人	—	669 万人
1996	6,111 万人	1,020 万人	151 万人	1,061 万人
1999	5,856 万人	4,153 万人	578 万人	378 万人
2002	5,100 万人	6,912 万人	570 万人	114 万人
2005	5,163 万人	8,700 万人	448 万人	63 万人
2008	4,478 万人	1 億 272 万人	461 万人	16 万人
2011	3,454 万人	1 億 1,195 万人	375 万人	15 万人
2014	2,610 万人	1 億 4,401 万人	555 万人	—
2017	1,987 万人	1 億 6,350 万人	336 万人	—
2020	1,595 万人	1 億 8,490 万人	162 万人	—

(注)「スマホ」「ガラケー」にまで分類されたデータは記載されていない。なお, 図表 1-8 にスマホとスマホ以外の普及度の数値を追記。
(出所) 総務省 HP「情報通信統計データベース」
　　　《https://www.soumu.go.jp/johotsusintokei/field/tsuushin02.html》より作成。
（アクセス日：2020/11/21）

●フォードと GM

　大量生産方式を確立させたのはフォードである。フォードは部品の互換性とベルトコンベアによる流れ作業で, それまで1台数千ドルもしていた自動車をわずか 290 ドルで買えるまでのコストダウンに成功した。その自動車が有名な T 型フォードである。そして, フォードは, そこから得た利益を自分だけで独占せずに, 労働者たちに高い給料を支払ったのである。

　この劇的な価格の低下により, それまで自動車とまったく縁がなかった一般大衆まで自動車を所有することができるようになった。そこにはその自動車をつくっている労働者たちも含まれていた。

　大量生産方式という新しい方式の開発＝イノベーションにより, コストダウンをはかり, 1台当たりの利益は少なくても, 大量に販売することにより利益を獲得できるこの大量生産・大量販売こそ, 大企業化への道であった。

　このフォードの成功に対抗したのが GM であった。GM は価格を下げる

ことにより購入意欲をかきたてる方式ではなく，小型車から高級車まで各
種のモデルをつくり（市場分割セグメンテーション），他人と違う自動車
に乗りたいという気持ちを起こさせたのである。そしてまた，数年ごとに
モデルチェンジをすることにより，**買い替え需要を生み出す**という**マーケ
ティング手法**で大成長を遂げたのであった。

　イノベーションとマーケティングによる**顧客の創造**の成功が，企業は大
規模化を，そして，驚くべき成長を可能にしたのである。

d．労働時間・生活時間の変化

　企業が中心となった社会では，人びとの生活における時間も変化
するようになってきた。

　それまでの農業や漁業に従事していた時代は，四季や日の出・日
の入りといった自然のサイクルに合わせて生活していた。だが，企
業につとめるようになると時計に合わせた出社時間や退社時間がで
きあがり，法律により労働時間が決定され，それを超過する勤務に
対しては，残業手当などの超過勤務手当が支給されるようになっ
た。誰もが長時間働くことが当然になってきたのである（しかし，
「日本人は働きすぎである」などと言われだして40年以上経ち，
「過労死」などという言葉まで産まれ社会問題となり，「働き方法
案」が制定される等，近年急激な変化がみられる）。

　労働時間のみが変化しただけではなく，生活時間も変化した。そ
れまでの人びとの時間感覚は日・時間が単位であったが，それが
分・秒単位に変化してきたのは，鉄道やテレビなどの影響といえる
だろう。

e．企業に求める社会的地位

　大企業中心の社会以前では，人びとの社会的地位は家柄・血筋や
財産の多寡によって決まっていた。だが，次第にいかなる企業のど

んなポストにいるかが社会的地位を決めるようになってきた。中小
企業より大企業・有名企業の，そして，平社員や課長よりも部長や
重役の方が偉いとなると，人びとはその地位につくために必要な能
力・学歴を求めて高等教育機関に進学するようになってきたのであ
5　る（大学・短大進学率が6割に）。

　こうした新しい人びとのニーズに対して，政府は高校・大学をつ
くったり，私立学校に助成金を支出するようになった。また，企業
が必要とする専門知識に応えるために新しい学部や学科がつくられ
るようになってきている。

10　これら公的教育機関の変貌のほかにも，企業は直接，教育に変化
を与えてきている。すなわち，教育サービスを提供する企業の登場
である。塾・予備校や，簿記・コンピュータなどの専門学校，社員
研修を請け負う企業，学習雑誌や進学雑誌の出版社などが次々に誕
生しており，教育産業なる言葉まで生まれてきている。

15　収入だけなら個人事業・中小企業の方がはるかに有利になる様に
なってきているが，「社会的地位（信用）」に関しては，まだまだ大
企業の方が強いのである。

Ⅲ　企業が社会に与える影響

　これまでにみてきたように，企業が巨大化してきた現代におい
20　て，企業と社会・私たちとの関係で，伝統的な商品，労働，株式な
どの市場以外のものも無視できなくなってきている。そのなかに
は，企業が人びとの欲求に応えるだけではなく，欲求をつくり出
し，人びとの生き方，社会のあり方を大きく変えているものがあ
る。

a．広告

テレビやラジオ，新聞・雑誌そして近年ではインターネットなどのメディアに，企業が広告を出さなくなったらどうなるだろうか。もちろん，新商品の発売を私たちは知ることができなくなるということもあるが，それ以上に，これら各種メディアは価格を何倍にもしなければ成り立っていかなくなるだろう。私たちは市場で広告そのものを買うわけではないが，私たちが支払う商品価格には，企業がメディアに払う広告費が含まれている。

また，現在のテレビのCMなどは，商品の広告宣伝というより，それ自体がひとつの芸術・娯楽作品として，なくてはならぬもののように受け取られるまでになってきている。テレビCMを見ていて，この曲はいいなあ，と思う経験をした人はけっこういるはずだ。CMソングに使われることにより，アーティストの人気やCDの売れ行きが大きく変わってくる。

「説明書がいらないくらいカンタン」というCMコピーがある。「よ～く考えよう。お金は大事だよ」というCMもあった。CMは，視聴者を消費者にするために大きなインパクトを与えなければならず，買わせようと思わせる必要がある。こうして，新しい商品を購入させるために，人びとの価値観・ライフスタイルに影響を与えているのである。

b．メセナ

メセナとは，文化・スポーツなどに対する企業の援助をさす言葉である。たとえば，F1などのレーシング・スポーツやゴルフ大会のスポンサーになったり，外国から著名なオーケストラやオペラをよんできてコンサートをする，などがメセナの主だった活動である。

モノだけでない「豊かな社会を」という掛け声のもとで，昔から

行ってきた企業もあるが，1980年代後半になり急速に流行した現象といえるだろう。このメセナ活動は各種の文化・スポーツに対して貢献をし，人びとに満足感を与えた。だが，バブル経済崩壊後，多くの企業がスポンサーになることをやめ，文化・スポーツ活動に
5　多大なる影響を与えた。

　また，企業がスポンサーになったもののほとんどは，数多くのファンをもつメジャーな文化・スポーツであった。企業が宣伝広告活動としてメセナを行うことは，結果的にメジャーをますますメジャーにし，マイナーをより一層マイナーにしていくことにもなる
10　のである。

　ｃ．地域

　茨城県の日立市（日立製作所），愛知県の豊田市（トヨタ自動車），宮崎県の延岡市（旭化成）などのような企業城下町とよばれている所が各地に数多く存在している。住民はその会社で働いていなくて
15　も，その会社とさまざまな経済的関係をもち，企業がそこの地方財政を左右するほどの納税をしているため，その企業なくしては成り立ち得ず，自治体名が企業名と一致するほどである。

　一方で，それほど大きな存在でなくても，近年の企業には
CR:Community Relations
地域との関連を重要視し，地域の清掃から企業の諸施設の開放，祭
20　り・行事などさまざまな援助をするところが増えてきている。

　また，企業が意識的にしたことではないが，どれほどの規模の企業がどれだけその地域にあるかにより，若者たちのその地域への定着率を大きく左右している。

　ｄ．教育

25　戦前では数％，1950年代で十数％だった短大・専門学校以上への進学率は今では60％を超えている。少しでも上の学校に，少し

でも有名な学校に進学せねば，という傾向は受験地獄などという言葉を生み，学校を荒廃させていると非難の声もあげられてきた。この現象はひとえにより良い就職を，との願いが生んでいるといっても過言ではあるまい。企業が高学歴者，有名校出身者を望む限り，これは変わることがないだろう。　5

e．環境問題

50年ほど前に日本では公害が大きな社会的問題となり，また，ここ30年ほどは自然環境・生態系の破壊が叫ばれてきている。

企業は競争し，拡大することを当然とし，社会もそれを積極的に肯定している。モノをつくり出すことは，一方では，（物的）豊かさを生み出すことになるが，他方では，限りある資源を大量に消費し，モノを使い捨てにさせたり，自然を人工物に置き換えたり，都市に自動車をあふれさせたりしてきた。　10

どこまでが必要でどこからが不要かは一義的には決定できない。だが，人びとがもっと便利に，もっと快適に，もっと新しいものを，と求めていく限り，モノでいっぱいの社会は終わらず，自然は荒廃していくことだろう。　15

【学習ガイド】────────────────────────

1．新聞，テレビ，インターネットそれぞれでの広告・CMを比べてみよう。

①　同じ会社の広告・CMを探して比べてみよう。

②　インターネットCMの特徴は。

③　新聞・雑誌，テレビ，インターネットの通信販売を比べてみよう。

④　あなたは，普段どの広告・CMに接し，またどの広告・CMで購入しているだろうか。

2．良い企業とはどういうものだろうか。

① 就職したい企業名をあげてみて，あなたが企業に求めるもの
は何かを確認してみよう。

② どんな商品を提供してくれることを望んでいるか。

③ その他にどんなことを望むか。

④ インターネットなどで自分が知っている会社の経営・実情を
調べてみよう。

3．あなたが経営者なら次のどれを重要視するか。順番を付けてみ
よう。

① 株主　② 従業員　③ 消費者　④ 地域　⑤ その他

〈参考文献〉
大橋昭一（監修）『最新基本経営学用語辞典』同文舘出版，2015 年
小倉昌男『小倉昌男経営学』日経 BP 社，1999 年
亀川雅人『最新 500 項目経営学用語ハンドブック』創生社，2019 年
坂本光司『日本でいちばん大切にしたい会社 1～4』あさ出版，2008 年～
東北大学経営学グループ『ケースに学ぶ経営学第 3 版』有斐閣，2019 年
三戸浩・池内秀己・勝部伸夫『企業論〈第 4 版〉』有斐閣，2018 年

第 2 章

企業論

この章のポイント

① 企業とは何かについて，社会科学のなかにはさまざまな企業観がある。

② 現代の代表的な企業形態は株式会社であり，経済活動の中心を占めている。

③ わが国では大企業を頂点にして，その傘下に系列の中小企業を擁している。

④ 大企業は機関所有のもとにあり，専門経営者によって動かされている。

⑤ 制度化した企業における利潤は，企業維持のための未来費用と捉えるべきである。

I　企業とは何か

　現代企業とは何か，それはどのようなイメージであり，またいかなる機能や役割を担っているのであろうか。すでに1章でみたとおり，企業は私たちの生活と密接に関係しており，多様な役割を担う
5 ものとなってきている。そこで，ここではまず，社会科学の分野，具体的には経済学や経営学において企業がどのように把握されているのかをみておこう。

1　経済学における企業観

　経済学が伝統的に問題としてきたのは，市場における価値，価
10 格，生産，分配，消費といったさまざまな経済現象である。簡単にいえば，経済学の対象は**市場経済**の分析にあるといってもよいであろう。市場とは商品の売り手と買い手が遭遇する場であり，そこでは各自が自己の利益を最大化することを目的に，自由な経済活動を展開する。だから市場経済は自由経済ともよばれる。こうした各人
15 の競争を通じて最も調和のとれた財の配分（**資源の最適配分**）がなされると想定されている。これが市場の自動調整機能であり，
_{Adam Smith (1723～90)}
アダム・スミスが『国富論』（1776年）のなかで「**見えざる手**」（invisible hand）とよんだことはあまりにも有名である。

　ところで市場において企業は，家計や政府とともに有力な経済主
20 体のひとつとして登場する。生活を営む場である家計や国家の財政を担当する政府が主に消費の主体であるのに対して，企業は消費の主体であると同時に，**生産の主体**として捉えられている。では市場のなかで企業は具体的にどのような活動をするのであろうか。また経済学では企業はどのように理論化されているのであろうか。

　企業活動の主たる内容はいうまでもなく**財・サービス**の生産である。生産を始めるにあたって企業は，必要な原材料を生産財市場から，また労働力を労働市場から調達する。生産財も労働力もそれぞれの市場におけるその時の需要と供給によって価格は決定される。企業にとってそれらはすべて生産のためのコストである。企業による投入と産出の差がすなわち利潤であるから，できるだけ無駄なコストを抑えて財やサービスを生産し，それを消費財市場で販売して，可能な限り大きな利潤を得ようとするのが企業の一般的な行動である。したがって企業とは，市場に従って投入と産出の最も適した組み合わせを決定し，利潤極大化のために行動する経済主体と定義することができよう（図表 2-1 参照）。

　現代経済学，とくにミクロ経済学が問題とするのは，完全競争，寡占，独占といった各市場構造のもとで，製品の価格や生産量を企業がどのように決定するのかというメカニズムである。その場合，企業の内部構造がどのようになっているか，企業組織はなぜ必要な

図表 2-1　企業と市場

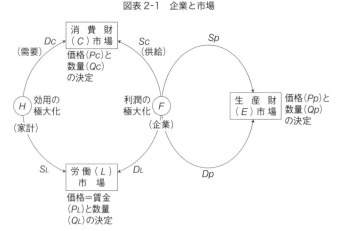

（出所）荒・伊藤『経済学を初めて学ぶ』中央経済社，1990 年。

のかといった事柄は問題とされない。伝統的にミクロ経済学では，企業は「点（質点）」であるとみなされてきた。しかし，近年は「企業の経済学」「組織の経済学」といった，企業組織そのものを対象とする研究も積極的に行われるようになってきている。たとえば
5 **エージェンシー（代理人）理論**によると，企業とはさまざまなエージェンシー関係の「契約の束」と捉えられている。

2　経営学における企業観

　経済学がおもに市場における経済現象を議論の対象にしてきたのに対し，経営学が対象にしてきたのは組織である。すなわち経済学
10 と経営学では問題とする対象が異なっているということであり，ここに両者の大きな違いがある。では経営学が対象とする組織とは何であろうか。組織という言葉は日常的によく用いられており，病院，学校，警察，官庁などいずれも身近な組織である。このようにさまざまな組織が社会の中で活動しているが，中でも企業という組
15 織が経営学では中心的に取り上げられてきた。それは企業が他の組織に先駆けて大規模化し，そのマネジメントが問題とされたからである。こうして経営学は企業を主な対象としてその組織や管理の問題を実践的に解明していくとともに，より深いレベルで「組織とは何か」「管理とは何か」を問うことになった。現在では企業に限ら
20 ずあらゆる組織を対象とした学問として，経営学は組織論，管理論を中心に展開されている（詳しくは第3章を参照）。

　さて企業は組織であるが，その他の組織と大きく異なる点は，企業は営利を目的とする組織（営利組織）だということである。つまり企業は利潤追求を行っており，企業である限りそこから逸脱する
25 ことは許されない。こうした企業活動の本質を資本の価値増殖過程として捉えたのが，**個別資本説**とよばれる考え方である。これはマルクス経済学の理論を企業に適用したもので，企業を**資本の運動体**

とみるものである。企業活動とは元手である G（貨幣）で W（商品）を購入して財・サービスを生産し，できあがった W′（商品）を販売して G′（G＋α，αが利潤）を手にするという循環を繰り返すものとして捉えられ，こうした際限のない利潤（α）の獲得を目指す資本の運動は G–W–G′ と表記される。企業観とは企業をどうみるか，どのような性格のものとして位置づけるかということであるが，この企業＝個別資本の運動体と把握する企業観は，企業活動の経済価値的側面に注目したものである。

　これに対して，大規模化した現代企業が社会においてはたしている役割や機能に注目した制度論的な見方がある。大企業は社会に必要不可欠な財・サービスを提供するという経済的機能を担っているが，同時にまた，多くの人びとに雇用の場を提供し，取引先の中小の会社にはビジネスの機会を与え，さらに納税することで地域や社会の維持存続にも貢献している。さらに企業はそれ自身が数万，数十万人もの従業員を擁し，自治体と同じく統治的な機能もはたしている。これはひとことで言えば，社会において大企業が決定的，代表的な事業体として，もはやつぶれることが許されない**社会的制度**になっているということである。経営学では企業＝社会的制度と把握する企業観もまた有力な位置を占めている。

II　企業の形態

1　企業の種類

　企業にはさまざまな種類があるが，企業とよばれる事業体に共通する特徴は，その事業を行うために元手を出す人，すなわち出資者が必ずいることである。この出資者が誰なのかによって企業は大きく3つの種類に分けることができる（図表2-2参照）。民間の個人

図表 2-2

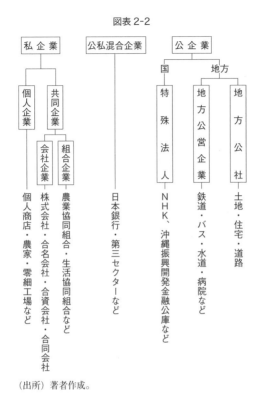

（出所）著者作成。

や団体が出資して設立されたものを私企業という。これに対して，国や地方公共団体が出資者となって設立されたものを公企業という。この2つの中間に位置するのが国・地方公共団体と民間との共同出資によって設立された公私混合企業である。それぞれの特徴をみておこう。

a．私企業

わが国の企業のなかで大部分を占めるのは私企業であるが，その中身をみると大きく個人企業と共同企業に分けることができる。こ

れは企業の出資者が単独か複数か，を基準にして分類したものである。

〈個人企業〉

　個人企業は，個人が単独で出資者となって設立される。夫婦や家族で事業を営む個人商店などがこれにあたる。個人企業の特徴としては，① 事業開始や廃止の手続きが簡単，② 組織構造もシンプルで，オーナーの考えを事業にすぐ反映させることが可能，③ 儲けはすべてオーナーのものとなるため利潤インセンティブが大きい，といったメリットがある反面，④ 負債に対しては無限責任であり，⑤ 資金調達が個人の資金力に限定され，⑥ 事業の継続性が個人の寿命で左右される，といったデメリットもあげられる。わが国には197万9019の個人企業（企業全体の51.3%）がある（総務省統計局「平成28年経済センサス」2018年）。

〈共同企業〉

　個人企業の出資者が1人なのに対して，より大規模な企業をつくるために複数の出資者で構成されているのが**共同企業**である。このなかには生産者協同組合や消費者協同組合といった**組合企業**とよばれるものも含まれている。

　共同企業のなかで中心に位置するのは**会社企業**である。通常「会社」とよばれるのはこの会社企業のことであり，従来は**合名会社，合資会社，株式会社，有限会社**の4つがあった。しかし2006年の**会社法**で，有限会社は株式会社に統合されて廃止されることになり，新たに**合同会社**が設けられた。したがって現在，わが国で会社とよばれるのは合名会社，合資会社，合同会社，株式会社の4つである。これらの会社はいずれも営利を目的とする**社団法人**である。またこの他に，保険会社（生保・損保）にのみ適用される**相互会社**という形態もある。

　それぞれの会社の特徴は，次のようにまとめることができる。ま

ず合名会社は，出資者である社員（会社法では出資者のことを社員とよぶ）全員で経営を行い，同じく社員全員で会社の負債に対して責任を負う（**無限責任制**）。次に合資会社は，出資するのみで経営には参加しない社員と，出資と同時に経営も担当する社員の２つからなる。前者は経営が失敗して会社が大きな負債を抱えた場合でも出資額以上の責任は問われないが（**有限責任制**），後者は負債に対して全額責任を負わねばならない。このように合名，合資会社では出資者の一部ないし全員が無限責任であるのに対して，合同会社では全社員が有限責任である点が大きな特徴である。なお合同会社は，内部的には組合のように全員一致で重要事項を決定していくという特徴をもっている。合名，合資，合同の３つの会社形態は株式を発行できず，「持分」が出資者としての地位を示しており，これらの会社を総称して**持分会社**とよぶ。

　株式会社は出資者＝株主全員が有限責任であり，しかも出資者数に限定がない。そのため，出資者を多く集めればいくらでも企業規模を拡大することができるという特徴をもつ。ちなみに有限会社も株式会社と同じく有限責任制をとっていたが，出資者は50人以下に限定されていた。いずれも有限責任制というメリットがあるため，わが国の会社はこれまで株式会社と有限会社の２つで事実上占められてきた。本来，株式会社は大企業，有限会社は中小企業という棲み分けが想定されていたが，実際には，有限会社とほとんどかわらないような株式会社が数多く設立されてきたため，会社法では両者を統合して株式会社に一本化されることになった。なお，新規の有限会社の設立はできなくなったが，これまで日本の会社の約半数を占めていた既存の有限会社はそのまま**特例有限会社**として存続することが認められている。

　会社の設立にあたっては，合資会社が有限，無限の社員が最低１名ずつ必要なのに対し，合名会社，株式会社，合同会社の３つは出

資者 1 名でも設立が可能である（**一人会社**）。またいずれの会社形態も資本金は 1 円から設立が可能である（**一円会社**）。

b.　公企業

　民間ではなく国や地方公共団体といった公的機関が出資して設立・運営されるものを公企業という。公企業が設立される理由としては，国民の生活に必要不可欠であってもそれを私企業が提供するには不都合があったり，あるいは採算などの点で困難がある，また市場に任せておくと独占の弊害が生じてしまうといった点があげられる。

　わが国でも戦前・戦後を通じて多くの公企業が活躍していたが，国の公企業は現在，ほとんど姿を消してしまった。例えば，**公社**は，出資者は国であるが経営は専門の経営者が担当する事業体である。かつて日本国有鉄道（国鉄），電電公社，専売公社の 3 つが公社（「3 公社」とよばれていた）であったが，いずれも民営化されて JR，NTT，JT という株式会社形態になっている。また国営企業（**現業**）は，国が出資し，直接経営を行う事業体である。かつては造幣，印刷，アルコール専売，郵政事業，国有林野を合わせて 5 現業とよばれていたが，現在，国営企業形態はすべて廃止された。このうち郵政 3 事業（郵便・貯金・簡易保険）は 2003 年に公社形態の日本郵政公社に転換し，2007 年には民営化されて日本郵政株式会社となった。持株会社である日本郵政株式会社のもとで郵便事業(株)，郵便局(株)，(株)ゆうちょ銀行，(株)かんぽ生命保険という 4 つの会社があり，2015 年には日本郵政，ゆうちょ銀，かんぽ生命の 3 社が株式を上場した。このほか，**公団**，**事業団**，金庫，特殊銀行，特殊会社といった**特殊法人**とよばれる事業体があるが，特殊法人等改革基本法にもとづき 118 法人のうち 17 法人（石油公団，日本育英会など）が廃止，45 法人（東京地下鉄(株)，道路関係四

公団など）が民営化されるなどし，38 法人（国際協力機構，水資源機構など）が**独立行政法人化**した。現在は NHK をはじめとする 5 つの特殊法人（特殊会社，学校法人は除く）のみが残っている。

　また，地方公共団体が出資・経営している公企業は地方公営企業
5 とよばれる。具体的には，上下水道，病院，交通，電気，ガスなどがある。また，土地，住宅，道路の開発を目的とした地方三公社もある。こうした公企業はあまり目立たないが，生活に密着した財・サービスを住民に提供している。

ｃ．公私混合企業

10 　国または地方公共団体などの公的機関と民間が共同出資して設立，運営されているのが**公私混合企業**である。一般的には**第三セクター**（公共部門を第一セクター，民間部門を第二セクターとよぶ）とよばれている。地方三公社を含む第三セクター等の数は 7,467 法人ある（図表 2-3 参照）。分野別では農林水産 16.0％，地域・都市
15 開発 15.5％，観光・レジャー 14.9％となっている。たとえば，地域の足となるローカル鉄道の多くはこの形態で運営されている。こう

図表 2-3　「第三セクター等」の法人数推移

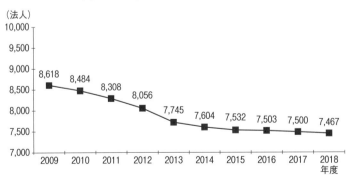

（出所）東京商工リサーチ「全国の『第三セクター等』7,467 法人経営状況調査」2020 年。《https://www.tsr-net.co.jp/news/analysis/20200806_05.html》

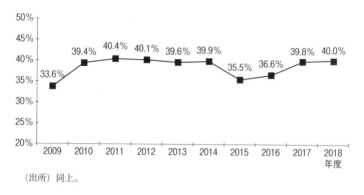

図表 2-4　「第三セクター等」の経常赤字法人率

（出所）同上。

した企業に共通する点は，そもそも設立当初から経営環境が厳しく，慢性的な赤字を強いられるケースが多くみられることである。過疎地で乗客が少ないことがその最大の原因であるが，たとえ赤字であっても交通手段としての公共性を考えたとき，簡単に廃止するわけにはいかないというジレンマがある。かつて自治体が競って誘致した，第三セクターが運営するテーマ・パークなどでは，官僚による見通しの甘い計画のもとで杜撰な経営が行われ，膨大な累積赤字のために経営破綻する事例が数多くみられた。公企業と同じく，第三セクターにおいても**公共性と企業性**をどう両立させるかが大きな課題となっている（図表 2-4 参照）。

2　株式会社の仕組み

　わが国には 273 万社を超える会社が存在するが，その内訳をみると，ほとんどが株式会社（特例有限会社を含む）で占められている（図表 2-7 参照）。とくに日本を代表する有力企業はみな株式会社形態をとっている。それは株式会社の経済機能が，何よりもまず会社の拡大・発展に必要な資本を広く一般の投資家から集めることができるという点にあるからである。すなわち**資本集中**に最も適してい

るのが株式会社形態である。

a．株式会社の特徴

　株式会社が資本を集めるのに優れているのは，次のような特徴を
もっているからである。まず事業を起こすのに必要な資本は会社が
5　**株式**を発行し，それを株式市場で売って調達される。株式とは会社
の資本金を少額の単位に均分化した持分であり，株主の会社に対す
る地位をいう。**上場会社**（株式が証券取引所に上場されている会
社）の株式は，お金さえ出せば誰でも簡単に購入することができ
る。この株式を購入することが会社へ出資するということであり，
10　出資者は**株主**とよばれる。株主は自分が出資した額を限度として，
それ以上会社の負債に対して責任を取る必要がない（有限責任制）。
また株主を辞めたいときは，株式を市場で売ればいつでも換金する
ことができる。その際，株式はその時の市場価格（時価）で別の人
に売却されるのであって，会社の資本金から返還されるわけではな
15　い。したがって出資する人にとって便利なだけでなく，会社にとっ
ても集めた資本を永続的に運用できる点で非常に優れたシステムで
ある。

b．株式会社の構造

　株式会社を所有するのは出資者である株主である。したがって株
20　主にはさまざまな権利（**株主権**）が与えられている。具体的には，
株主総会に参加し投票する権利（**議決権**）や配当を受け取る権利
（**利益配当請求権**）などがある。中小企業を中心に株主がオーナー
として経営を行うケースが多くみられるが，株式会社では株主は必
ずしも会社の経営に直接タッチする必要はない。株主にかわって会
25　社の意思決定や営業活動を行うために，**株主総会，取締役，代表取
締役，監査役**といった**会社機関**が設けられている。

　まず株主総会は株式会社の最高意思決定機関である。事業内容や
会社の役員人事などの重要な決定には，総会の議決が必要とされ
る。総会に出席できるのは株主のみで，株主は原則として1株につ
き1票の議決権をもっている（ただし上場会社は100株で1議決権
となる**単元株制度**を採用している）。議決は多数決によって決めら　5
れ，過半数を制する大株主の意見が通ることになる。

　取締役は株主総会で選出されて取締役会を構成し，株主にかわっ
て会社の全般的な経営を行い，その結果に対して責任をもつ。ま
た，取締役の中から会社の代表権をもつ代表取締役が選出される。
一般的には社長や会長が代表取締役となり，会社の代表権をもつ。　10

　監査役は，取締役が業務をきちんと執行しているかどうかを
チェックする業務監査と，会社の会計をチェックする会計監査の2
つを主な仕事としている。また監査役とは別に，会計監査人や会計
参与といった機関もある。

　会社法では，同じ株式会社形態といっても性格の違いによって4　15
つのタイプに分けられており，それぞれのタイプで機関の組み合わ
せが決まっている。その基準は，**大会社**（資本金が5億円以上また
は負債の合計額が200億円以上の会社）と非大会社（大会社以外），
株式譲渡制限会社（非公開会社）と**公開会社**（これは株式の譲渡が
自由という意味であり，証券取引所に上場しているという意味では　20
ないので注意が必要）の4つである。図表2-5は，4つのタイプの
機関設計の選択肢を示したものである。この図表には機関設計の組
み合わせが24通り示されているが，任意で設置できる会計参与を
この組み合わせに追加すると全部で47通りの機関設計が可能とな
る。　　　　　　　　　　　　　　　　　　　　　　　　　　　25

　ここでは大会社でかつ公開会社の場合に選択できる3つの機関設
計をみておこう（図表2-6参照）。まず**監査役会設置会社**は，これ
まで日本の会社で伝統的に採用されてきた機関設計のタイプで，監

図表 2-5　株式会社の機関設計

	株式譲渡制限会社 （非公開会社）	公開会社
非大会社	取締役 取締役＋監査役 取締役＋監査役＋会計監査人 取締役会＋会計参与 取締役会＋監査役 取締役会＋監査役会 取締役会＋監査役＋会計監査人 取締役会＋監査役会＋会計監査人 取締役会＋監査等委員会＋会計監査人 取締役会＋三委員会＋会計監査人	取締役会＋監査役 取締役会＋監査役会 取締役会＋監査役＋会計監査人 取締役会＋監査役会＋会計監査人 取締役会＋監査等委員会＋会計監査人 取締役会＋三委員会＋会計監査人
大会社	取締役＋監査役＋会計監査人 取締役＋監査役会＋会計監査人 取締役会＋監査役会＋会計監査人 取締役会＋監査等委員会＋会計監査人 取締役会＋三委員会＋会計監査人	取締役会＋監査役会＋会計監査人 取締役会＋監査等委員会＋会計監査人 取締役会＋三委員会＋会計監査人

（注）すべての株式会社で株主総会は必置機関であるが，この表では省略している。
（出所）著者作成。

査役会が設置されている点が大きな特徴である。これに対して**指名委員会等設置会社**は，アメリカ型ともいえる機関設計になっており，社外取締役が過半数を占める三委員会（指名委員会，報酬委員会，監査委員会）が取締役会の中に設置されている。また監督を担う取締役会とは別に，経営の執行を専門に行う執行役（会）が設置されているのも大きな特徴である。**監査等委員会設置会社**は，三委員会のうち監査委員会のみが取締役会の中に設置されているタイプで，2015 年から導入された。2020 年現在，東証一部上場企業 2172 社のうち，監査役会設置会社 1448 社，監査等委員会設置会社 661 社，指名委員会等設置会社 63 社となっている（日本取締役協会「上場企業のコーポレート・ガバナンス調査」）。

図表 2-6　機関設計の 3 タイプ

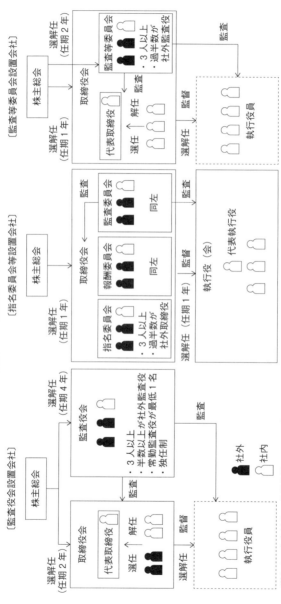

（注）1. 大会社かつ公開会社では、いずれのタイプも会計監査人が必置である。なお、この図表では略している。
2. 有価証券報告書の提出義務がある監査役会設置会社（公開会社かつ大会社）では、社外取締役の設置が義務化された（2021 年 3 月施行）。
3. 点線の部分は任意の執行役員制度を示している。
（出所）著者作成。

Ⅲ　大企業と中小企業

　企業は資本金や売上高の多寡，従業員の数などによって大企業と中小企業に分けることができる。それらは単に企業規模が違うだけでなく，企業としての役割や特徴にも大きな差異がある。

1　わが国の大企業

　企業を資本金の大きさで分類すると，わが国で資本金が10億円を超える企業は6,134社ある（図表2-7参照）。これらは規模の点からみて大企業とよんでよいであろう。こうした大企業群のなかでもトップ・クラスの企業になると世界の大企業といってよく，場合によっては1社の売上高が1国のGDP（国内総生産）を凌駕するほどである。

　ところで，わが国経済の特徴は，これら大企業を頂点にしてその

図表2-7　組織別・資本金階級別法人数

区　分	1,000万円以下	1,000万円超1億円以下	1億円超10億円以下	10億円超	合　計	構成比
（組織別）	社	社	社	社	社	％
株式会社	2,195,273	338,461	15,174	5,674	2,554,582	93.3
合名会社	3,197	151	9	14	3,371	0.1
合資会社	13,666	502	—	2	14,170	0.5
合同会社	97,865	672	101	14	98,652	3.6
その他	50,230	16,438	676	430	67,774	2.5
合計	2,360,231	356,224	15,960	6,134	2,738,549	100.0
構成比	(86.2)	(13.0)	(0.6)	(0.2)	(100.0)	

（出所）国税庁長官官房企画課「税務統計からみた法人企業の実態」2020年。
《https://www.nta.go.jp/publication/statistics/kokuzeicho/kaishahyohon2018/pdf/h30.pdf》

傘下に中小企業群を擁すピラミッド型の生産構造ができあがっていることである。この大企業と中小企業の関係は，一般的に**系列**といわれている。系列関係はしばしば親子関係に擬せられ，大企業が上位にたって生産，販売において傘下の企業を支配・従属させる関係とみなすことができる。 5

　次に大企業同士がヨコのつながりをもって集まったものを**企業集団**という。わが国の代表的な企業集団は六大企業集団とよばれた。旧財閥系の三菱，三井，住友，銀行系の第一勧銀，富士，三和である。これらは銀行や商社がグループの中核企業となり，金融，産業の主要分野の有力企業数十社によって構成される。メンバー企業は 10 お互いが長期安定株主として株式を持ち合うことで，グループとして企業間結合が行われている。また新日本製鉄（現日本製鉄），トヨタ自動車，松下電器（現パナソニック）といった巨大メーカーが傘下に擁する各企業群で構成する独立系企業集団といわれるものもある（図表2-8参照）。 15

　こうした企業集団の主な目的は，グループ内に金融，産業の代表的な企業をワンセットで擁し，資金の融通（系列融資），製品の購入，情報の交換等を通じて便宜をはかり，相互利益を追求するところにある。これらの企業はお互いに株式を持合って大株主となり，役員も相互に派遣しあった。各企業のトップが集まる社長会は，グ 20 ループ内の結束を確認し，情報交換や調整をする場である。

　日本経済において企業集団が注目されてきたのは，何よりもその経済力にあった（図表2-9参照）。1989年の数字をみると，六大企業集団は企業数ではわが国の法人企業全体（金融機関を除く）のわずか0.007％を占めるにすぎないにもかかわらず，資本金では 25 17.24％，総資産では13.54％，純資産では15.70％，売上高では16.23％を占めており，グループとしての経済力はきわめて大きかった（平成6年度「公正取引委員会年次報告」）。

図表 2-8　戦後の財閥再編図

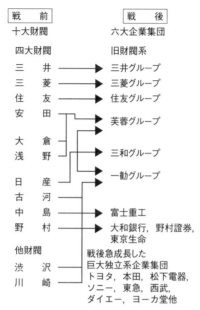

（出所）東洋経済新報社編『日本の人脈と企業系列』東洋経済新報社，1994 年。

　しかし，2000 年代に入ると，こうした企業集団や系列の関係は大きく変化した。とくに銀行を中心に，従来のグループの枠を超えた合併や再編が急速に進んだ。銀行系企業集団の中核企業であった第一勧業銀行，富士銀行，そして日本興業銀行の 3 行が 2000 年に合併してみずほフィナンシャル・グループが設立された。2001 年には三菱東京銀行が中心となって三菱東京フィナンシャル・グループが設立され，さらに 2005 年には UFJ ホールディングスと合併して三菱 UFJ フィナンシャル・グループとなった。また 2002 年には三井系，住友系の各企業集団のメインバンクであったさくら銀行と住友銀行が合併して三井住友フィナンシャル・グループが設立され，今では 2 つの企業集団にまたがる銀行となっている。かつて

図表 2-9　六大企業集団の日本経済全体に占める割合

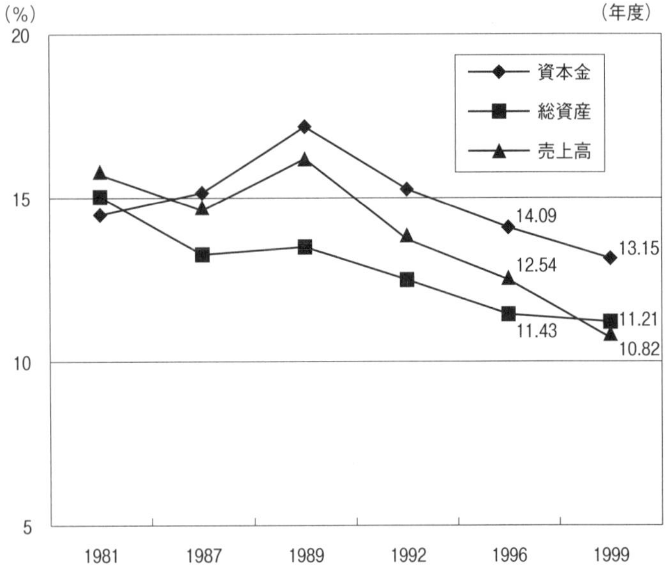

(出所) 公正取引委員会「平成13年度公正取引委員会年次報告」を一部修正。
《https://www.jftc.go.jp/info/nenpou/h13/13top00001.html》

13行あった都市銀行は3つの巨大金融グループ（**メガ・バンク**）に集約され，銀行だけとってみると従来の企業集団の区分は曖昧なものになっている。ただし，これによって企業集団そのものが完全に解体したとみるのは早計であろう。確かに企業集団の経済力は相対的に低下してきており，またグループ内のつながりは従来よりも緩やかになってきているが，企業集団は現在も維持されているとみてよい。

　他方，図表2-10からも分かるように，系列に関しては自動車産業などで負の側面が批判され，日産自動車や三菱自動車では系列解体の方向に進んだ。しかし，その後は逆に系列回帰の動きもあって各社とも協力会が組織されており，特にトヨタ自動車は系列を基本

図表 2-10　自動車産業の系列

日本の自動車産業の「ケイレツ」史	自動車5社の系列組織 （①団体名　②加入社数 　③主な加入社名）
躍進 60 年代 ~ 70 年代	・メーカー主導で部品会社を系列化 ・米国を中心に「低価格，高品質，低燃費」の日本車が支持され，輸出が急増。石油危機も追い風に
摩擦 80 年代 ~	・自動車を軸に日米貿易摩擦が激化。系列取引への批判も高まる ・日本勢，次々と米国での現地生産を開始。系列の有力部品会社も進出 ・日本大手5社，米国製部品の自主購入計画を作成（92年）
解体 90 年代 末~	・仏ルノー傘下に入った日産自動車，多くの系列会社株売却の検討方針を発表（99年） ・マツダ，米フォード流の部品調達を開始（00年~） ・三菱自動車，資本提携したダイムラークライスラーの意向で系列組織「柏会」を解散（02年）
回帰 05 年 ~	・マツダ，日本流の部品調達に改める活動を強化 ・日産，ホンダが主要部品会社への出資比率を引き上げ ・三菱自が系列組織を再結成

自動車5社の系列組織：

トヨタ自動車
①協豊会　②228
③デンソー，アイシン精機

日産自動車
①日翔会　②約200
③マレリ，ジャトコ

ホンダ
なし
必要に応じて部品会社との勉強会を設置

マツダ
①洋光会　②約180
③デルタ工業，ヒロテック

三菱自動車
①協力会　②約200
③三菱電機，アステア

(出所)「朝日新聞」2005年6月26日付を一部修正。

的に重視してきている。近年はCASE（コネクテッド，自動運転，シェアリング，電動化）が大きな流れになっており，自動車会社と他業種との関係強化もみられるようになってきている。

　企業集団や企業系列がどのようになっていくか，今後の展開を注視する必要がある。

2　わが国の中小企業

　日本の経済を考えるとき忘れてならないのが中小企業の存在である。中小企業とは，製造業などでは，資本金3億円以下の会社なら

びに従業員300人以下の会社および個人をさす。ただし，卸売業，小売業，サービス業ではこれよりも基準が低い（図表2-11参照）。また工場だけを例にとってみると，中小工場は現在，全体の約99％，従業者数の約70％を占めている。中小企業は全体としては大きな経済的役割を担っているのであるが，そのおかれた環境が厳しいことから，しばしば日本経済の「二重構造」とよばれ問題とされてきた（図表2-12参照）。

　すなわち日本の中小企業の特徴は，第一に，大企業と比較したとき資本力，生産性，賃金，資本装備率といった点で大きな格差が存在するということである。規模が小さいゆえに設備や技術が必ずしも十分でなく，また従業員の雇用等も思い通りにいかないといった課題を抱えている。第二に，中小企業は単独で事業を行っている場合もあるが，多くは大企業の下請けとして生産に組み込まれていることである。たとえば，自動車や家電といった組立産業では，大企業はその傘下に部品の供給を受ける1次下請け，2次下請け，3次下請けといった階層化された下請け企業群を擁している（図表2-13参照）。この場合，大企業が親会社であり，傘下の中小企業は子会社，孫会社という命令－服従関係が形成されている。子会社は

図表2-11　中小企業の定義

(1) 中小企業基本法		
業種分類	中小企業 （資本金額または従業者数の いずれかの基準を満たすもの）	
	資本金	従業者数
1. 製造業その他	3億円以下	300人以下
2. 卸売業	1億円以下	100人以下
3. サービス業	5千万円以下	100人以下
4. 小売業	5千万円以下	50人以下

(2) 税法	
中小法人 （資本金額または従業者数の いずれかの基準を満たすもの）	
資本金	従業者数 （資本・出資を 有しない法人）
1億円以下	1000人以下

（出所）中小企業庁事業環境部「我が国の中小企業の実態」2010年。

図表 2-12　事業所規模別構成比，従業員 1 人あたり出荷額等と現金給与
(2017 年)

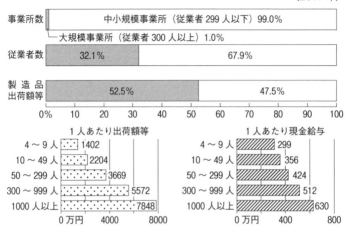

（注）事業所数は 2018 年 6 月 1 日現在。現金給与は従業者 4 人以上の事業所。
（出所）矢野恒太記念会『日本国勢図会 2020/2021』2020 年。

図表 2-13　わが国自動車産業の下請構造

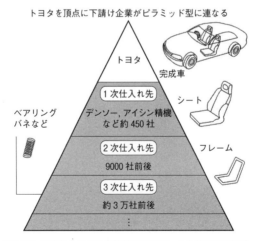

（注）2 次，3 次仕入れ先の会社数は民間データを基に日経推計。
（出所）「日本経済新聞」2014 年 10 月 25 日朝刊。

親会社からの資金や技術援助を受けると同時に，役員の派遣なども
受け入れている。しかしこうした中小企業は親会社の経営が順調な
ときはよくても，不景気などになると納入する製品の強引なプライ
ス・ダウン（単価切下げ）や受注量の削減といった影響をまともに
受け，景気変動の調整弁といった役割を背負わされることもあり，　5
立場は弱い。

　しかし中小企業をマイナスのイメージだけでみるのは一面的すぎ
よう。独自の技術力や製品でマーケットを開拓して健闘している中
小企業も数多くあるからである。例えば，市場規模は小さくても製
品の世界シェアは非常に高い「グローバルニッチトップ（GNT）」　10
とよばれる中小企業もある。また，企業家精神に富んだ経営者に率
いられて，先端技術や新しいビジネスモデルをベースに急速な成長
を目指す，ベンチャー企業とよばれる企業群もある。さらに，下請
けの位置から独自の展開で規模を拡大してゆき大企業に肩を並べる
ようになった中堅企業もある。　15

　ただし今後の中小企業を取り巻く状況は必ずしも楽観視すること
はできないであろう。グローバル化した経済環境のなかで，親会社
の海外移転やアジア諸国の企業による追い上げといった点が無視で
きなくなっているからである。また国内的には規制緩和政策が実施
されることでビジネスチャンスを掴む中小企業がでてくる一方，こ　20
れまで規制に守られてきた中小企業，たとえば零細な小売業などは
淘汰の危機にさらされている。さらに経営者の高齢化が進むなか
で，事業承継がうまくいかないことも経営の大きな課題としてあげ
られている。

Ⅳ　コーポレート・ガバナンス

　現代大企業では，専門経営者が企業の意思決定の中枢に位置するようになってきている。こうした大企業が誰の利益を重視して，どのように経営されているのかを問い，会社（経営者）が健全な経営をするように方向づけようとするのが，コーポレート・ガバナンスとよばれる問題である。

1　会社は誰のものか

　株式会社は，もともと株主のものであり，より大きな利益を獲得するために投資家の零細な資金を広範に集めて規模を拡大していく。そのため巨大な株式会社では，株主の数が数万人，数十万人にのぼることは決して珍しくない。法学者バーリと経済学者ミーンズ A. A. Berle(1895~1971)　G. C. Means(1896~1988) は今から90年以上も前に，アメリカの大企業200社を対象に実証調査を行い，半数近い会社がすでに**経営者支配**になっていることを明らかにした。経営者支配とは，株式をまったくもたないか，あるいはほとんどもっていない専門経営者が会社の支配者になることをいう。株式会社の支配権はもともと株主に帰属し，なかでも大株主である資本家が支配者となることが想定されていたので，会社権力が株主から経営者の手に移ったというこの調査結果は衝撃的であった。その背景にあったのは，①企業規模の拡大に伴う**株式の分散**と，②同じく組織の大規模化に伴う**経営の高度化・複雑化**の進展であった。つまり会社を支配できるような大株主がいなくなり，専門経営者でないと会社は経営できなくなったのである。

　バーリとミーンズの主張は，次の2点に要約できる。ひとつは，前述の通り大企業においては資本家（株主）支配ではなく経営者支

配になっているということである。彼らはこれを**経営者革命**とよんだ。もうひとつは，大企業においては，会社の性格は株主にとっての私的致富手段（金儲けの手段）であったのが，準公的な性格をもつように変化したということである。今日の「ステークホルダー・ガバナンス」といってもよい内容であるが，彼らはこれを**株式会社革命**とよんだ。このように株式会社の巨大化は，株式会社の伝統的な見方を大きく転換させることになった。

　以上のようなバーリ＝ミーンズの主張は，「会社とは何か」を考える際の最も基本的な問題であり，「**会社は誰のものか**」の議論はその後，コーポレート・ガバナンス論の重要なテーマになっている。

2　個人所有から機関所有へ

　バーリ＝ミーンズらの研究によって，株式会社は大規模化するにつれて株式が分散し，企業の支配者は株主から専門経営者へと変わっていくことが明らかになった。先進資本主義国ではどこでもこのような状況がみられた。しかし，一旦は分散化していた株式が今度は集中していくようになる。信託銀行，生命保険，年金基金，事業会社といった機関が株主として台頭してきたからである。人間が所有主体である個人所有に対して，人間ならざる組織体が所有主体として大きく登場してきたのである。これを**機関所有**という。機関にはさまざまな種類があり，どの機関がどれだけの株式を所有しているかは各国で異なる。たとえば，欧米では年金や投資信託といった**機関投資家**による所有が急速に伸びてきている。では，日本における機関所有の状況はどうなっているのであろうか。

　図表2-14は，わが国大企業の株式所有構造の推移を示したものである。戦後，約70％と高かった個人所有の比率は長期にわたって低減していき，2019年には16.5％まで低下した。これに対して，

図表 2-14　主要投資部門別株式保有比率の推移

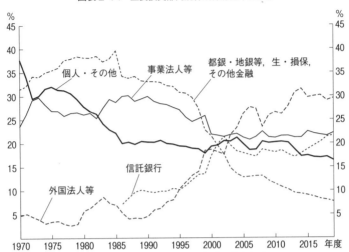

（注）1. 1985 年度以前の信託銀行は，都銀・地銀等に含まれる。

　　　2. 2004 年度から 2009 年度までは JASDAQ 証券取引所上場会社分を含み，
　　　　 2010 年度以降は大阪証券取引所または東京証券取引所における JASDAQ 市場
　　　　 分として含む。

（出所）東証「2019 年度株式分布状況調査の調査結果について」2020 年。

　　　《https://www.jpx.co.jp/markets/statistics-equities/examination/nlsgeu000004
　　　tjzy-att/j-bunpu2019.pdf》

　急速にその比重を高めてきたのが機関所有である。1950 年代末か
らの高度経済成長期を経て 80 年代後半のバブル経済の頃までは，
銀行や生損保などの金融機関，および事業会社が日本企業の主要な
株主であった。とくにわが国においては企業集団や企業系列を構成
5　する企業同士が株式を持ち合うことで，外部からの乗っ取り等を防
ぐと同時に，企業間関係の強化を図ってきた。**株式の持合いは安定
株主工作**ともよばれ，日本独特の所有構造を形づくってきた。図表
2-15（上段の 1995 年のデータ）は，実際の企業の十大株主を示し
たものである。ここからみて取れる特徴は，大株主のなかに個人の
10　名前はなく，会社が会社の大株主になっていることである。そして

図表 2-15　三菱グループ主要各社の大株主構成（上段は 1995 年，下段は 2020 年）

三菱銀行	三菱商事	三菱重工	東京海上火災保険
明治生命保険 (5.7)	東京海上火災保険 (6.1)	三菱信託銀行 (4.5)	三菱銀行 (4.8)
東京海上火災保険 (4.3)	明治生命保険 (6.0)	三菱銀行 (3.6)	明治生命保険 (4.4)
第一生命保険 (3.5)	三菱信託銀行 (5.0)	明治生命保険 (3.5)	三菱信託銀行 (3.0)
日本生命保険 (3.1)	三菱銀行 (4.6)	住友信託銀行 (2.4)	三菱商事 (2.3)
三菱重工業 (3.0)	東京銀行 (4.6)	日本生命保険 (2.0)	第一勧業銀行 (1.9)
三菱信託銀行 (1.9)	第一勧業銀行 (3.4)	東京海上火災保険 (2.0)	三菱重工業 (1.8)
太陽生命保険 (1.8)	日本生命保険 (3.1)	三菱商事 (1.5)	東洋信託銀行 (1.7)
三菱商事 (1.5)	三菱重工業 (3.1)	チェース（ロンドン）(1.5)	旭硝子 (1.7)
旭硝子 (1.4)	第一生命保険 (2.7)	中央信託銀行 (1.4)	東京銀行 (1.7)
三菱電機 (1.4)	三和銀行 (2.6)	東洋信託銀行 (1.3)	住友信託銀行 (1.6)
三菱UFJフィナンシャル・グループ	三菱商事	三菱重工	東京海上ホールディングス
日本マスター信託口 (7.8)	日本マスター信託口 (8.2)	日本マスター信託口 (7.0)	日本マスター信託口 (10.1)
日本カストディ信託口 (5.3)	日本カストディ信託口 (5.7)	日本カストディ信託口 (4.7)	日本カストディ信託口 (7.0)
自社（自己株口）(5.2)	BNYMAsAgt (5.3)	明治安田生命保険 (2.3)	明治安田生命保険 (2.2)
SSBTC (2.1)	明治安田生命保険 (4.3)	日本カストディ信託口5 (2.0)	日本カストディ信託口5 (2.0)
日本カストディ信託口5 (2.0)	東京海上日動火災 (3.8)	野村信託銀行	バークレイズ証券 (1.7)
ノルウェー政府 (1.5)	日本マスター信託口	（三菱U銀）(1.9)	日本カストディ信託口7 (1.6)
JPMC385781 (1.5)	（三菱重）(2.1)	日本カストディ信託口7 (1.7)	SSBTC (1.6)
日本カストディ信託口9 (1.3)	日本カストディ信託口5 (1.8)	ステートストリートB	JPMC385781 (1.5)
BNYMデポジタリRH (1.3)	JPMC385781 (1.3)	ウエストトリーティ505234	日本カストディ信託口9 (1.5)
日本マスター信託口	日本カストディ信託口9 (1.2)	(1.5)	日本マスター信託口
（明治安田生命）(1.2)	SSB・WT505234 (1.2)	自社持株会 (1.5)	（三菱商）(1.5)
		JPMC385781 (1.3)	
		ノルウェー政府 (1.2)	

（注）「日本マスター信託口」は日本マスタートラスト信託銀行（信託口），「日本カス
　　　トディ信託口」は日本カストディ銀行（信託口）が正式名称である。これらはい
　　　ずれも日本の資産管理専門の信託銀行で，「信託口(しんたくぐち)」とは委託管理している口座の
　　　ことを指す。したがってこうした資産管理銀行の背後に真の株主がいる。また
　　　SSBTC（SSBTC CLIENT OMNIBUS ACCOUNT），JPMC385781（JP Morgan Chase
　　　Bank），SSB・WT505234（STATE STREET BANK WEST CLIENT-TREATY」）
　　　等はいずれも海外の資産管理機関である。

（出所）『会社四季報』96 年新春号，21 年新春号。

　大株主として名前を連ねているのは企業集団を構成する同じグルー
プの企業であり，お互いがお互いの大株主になっていることであ
る。これは欧米ではみられないものであり，日本の機関所有の大き

な特徴であった。

　このように日本企業は機関所有化していたのであるが，90年代にはいってバブル経済が崩壊し，大企業の株式所有構造にはかつてない大きな変化がみられるようになった。同じ機関所有ではあっても所有主体となる機関の種類が変わってきたのである。90年代まで5では銀行や生損保などの金融機関と事業会社による所有が中心だったことはすでにみたが，バブル崩壊後の不良債権処理や株式のようなリスク資産を大量に保有していくことが経営の重荷になってきたため，銀行や保険会社といった金融機関は保有する株式を売却せざ10るをえなくなった。また事業会社も同じく持合い株を売却した。そのため，金融機関を中心に持株比率は急速に低下することになった。かわって日本企業の株主として台頭してきたのが**外国人株主**である。外国人株主には個人も一部含まれているが，大部分は欧米などの機関投資家である（図表2-15下段の2020年のデータを参照）。15 1990年には4.7％であった持株比率は2019年には29.6％と大きなウエートを占めるようになってきている。このため，日本を代表する優良企業のなかには，外国人投資家が過半数の株式を保有するところも出てきている。たとえば，ソニーは外国人株主の比率が56.7％（2020年3月）に上っており，同じく任天堂も53.92％（202020年9月）となっている。また2000年代になって新たな株主として登場してきたのが公的機関の**年金積立金管理運用独立行政法人（GPIF）**と日本銀行である（図表2-16参照）。前者は国民年金などの積立金172兆円（2020年9月）を運用している世界最大の年金基金で，国内株式に41兆円（同）を投資している。こうした巨額25な資金は国内の機関投資家が運用している。後者は金融市場の安定を目的に2010年からETF（上場投資信託）を継続的に購入しており，2020年後半の株高でその保有高は約45兆円にも上り，GPIFを抜いて「**日本最大の株主**」になったといわれる。日銀のもってい

図表2-16　公的機関による株式保有

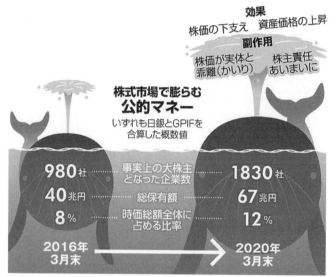

（出所）「朝日新聞デジタル」2020年10月23日。
《https://www.asahi.com/articles/ASNBQ779DNBHULZU00L.html》

る株式はETFによる間接保有であるが，巨額の株式保有は市場の機能を歪めているという批判もあり，「出口戦略」が注目される。

　日本企業の機関所有は，銀行をはじめとする金融機関と事業会社が安定株主になっていた時代から，現在では海外や国内の機関投資家が有力な株主となる時代へと変貌してきている。同じ機関所有であっても，機関投資家が大きなウエートを占めるようになると企業行動にも変化が生まれてこざるをえない。

3　日本のコーポレート・ガバナンス

　大企業では大株主である個人資本家はほとんど存在せず，機関所有となっている。そして大企業では大部分の**トップ・マネジメント**は社内出身の**サラリーマン経営者**で占められており，社長や役員は

主として従業員の中からその能力と経験を買われてトップの座に就
いた人たちである。図表 2-17 はそのことを端的に示している。ま
た大株主はいずれも安定株主の性格をもつ「物言わぬ株主」であっ
た。そのためバーリ＝ミーンズがかつて指摘したように，機関所有

図表 2-17　社長・役員の出身大学ランキング

〈社長の出身大学ランキング〉

1995 年				2020 年			
順位	大学名	国公・私立別	社長数	順位	大学名	国公・私立別	社長数
1	東　大	国	382	1	慶　大	私	291
2	慶　大	私	241	2	早　大	私	199
3	早　大	私	152	3	東　大	国	179
4	京　大	国	152	4	京　大	国	98
5	一橋大	国	68	5	日　大	私	81
6	東北大	国	63	6	明　大	私	70
7	日　大	私	52	7	中　大	私	65
8	神戸大	国	48	8	同　大	私	60
9	阪　大	国	47	9	阪　大*	国	51
10	同　大	私	42	10	一橋大	国	49

〈役員の出身大学ランキング〉

1995 年				2020 年			
順位	大学名	国公・私立別	役員数	順位	大学名	国公・私立別	役員数
1	東　大	国	4,278	1	慶　大	私	1,936
2	慶　大	私	3,177	2	東　大	国	1,803
3	早　大	私	3,031	3	早　大	私	1,710
4	京　大	国	2,100	4	京　大	国	839
5	中　大	私	1,456	5	中　大	私	773
6	明　大	私	1,117	6	一橋大	国	565
7	一橋大	国	1,087	7	明　大	私	535
8	日　大	私	1,015	8	日　大	私	520
9	神戸大	国	900	9	阪　大*	国	388
10	東北大	国	842	10	同　大	私	378

（注）1995 年は上場企業（生保等も含む）2,220 社を対象。
　　　2020 年は上場企業 3,780 社を対象。
　　　*大阪外大を除く（2007 年に阪大と統合）。
（出所）東洋経済新報社『役員四季報』1995 年，2021 年版。

のもとでも経営者支配が基本となっていた。

　そうしたなか，90年代になると日本にもコーポレート・ガバナンスの議論が入ってくる。コーポレート・ガバナンスとは，① 会社は誰のものか，誰の利益を重視して経営すべきか，② 企業不祥事などを防ぎ，健全な経営をするための統治の仕組みは如何にあるべきか，といった問題の総称である。これに加えて2000年代になると日本では，③ 効率的に資本を使い，会社の競争力を強化することが，ガバナンスの課題とされるようになった。これは「攻めのガバナンス」とよばれる。このようにガバナンスの定義や見方は多様である点は注意が必要である。

　さて，日本では外国人を始めとする機関投資家の株式所有が次第に大きなウエートを占めるようになってきた。そのため，① に関しては株主利益を重視する方向に変化してきている。具体的には，株主に対する配当額が大きく伸びていることなどはその典型的な例である。これは株主重視経営といえる。また② に関しては，ガバナンス改革の一環としてアメリカ型の統治機構である指名委員会等設置会社，さらに監査等委員会設置会社が導入されたり，取締役会のスリム化や社外取締役の積極的な導入といったことが行われてきた。③ に関しては，**コーポレートガバナンス・コード**（東証，金融庁，2015年）や**スチュワードシップ・コード**（金融庁，2014年）が制定され，企業と機関投資家のそれぞれが企業価値の向上を目指すべきことが謳われている。

　日本企業は株主重視経営の方向に進んできているといえるが，これを会社の性格が株主の致富手段（金儲けの手段）に逆戻りしたとみることは必ずしも適切ではなかろう。「会社は株主のもの」という議論をリードしてきたアメリカでは，2019年に「**脱株主第一主義**」の声明が経営者団体である「ビジネス・ラウンドテーブル」から出された。格差の拡大がもはや無視できないところまできて，ス

テークホルダーの利益を配慮しないわけにはいかなくなったからである。また機関投資家の側では，**ESG 投資**（環境・社会・ガバナンスを考慮に入れた投資）が世界的な潮流になっている点も重要である。**SDGs**（Sustainable Development Goals，持続可能な開発目標）を抜きにして現代企業のあり方を語ることはもはやできなくなっている。「会社は誰のものか」「会社は誰の利益を重視して，どのように動かされるべきか」というコーポレート・ガバナンスの問題は，今後とも最重要なテーマのひとつとして議論が続いていくとみるべきであろう。

V　企業と利潤

　企業は営利を追求する事業体であり，企業と利潤は不可分の関係にある。しかし利潤をどう評価するかをめぐってはこれまでさまざまな見方があった。利潤とは何かを問うことは，現代企業の目的や意義とは何かを改めて問うことである。

1　利潤追求は悪か

　利潤の追求は太古の昔からなされてきたが，儲けるためには何をしてもよかったわけではない。ヨーロッパでは長い間，高い利子を取る高利貸しや買い占めなどで暴利をむさぼることは，教会が厳しく戒めてきた。またウェーバー^{M. Weber(1864〜1920)}は 16，17 世紀の西ヨーロッパに始まる資本主義の成立・発展は，私利私欲で利潤を貪欲に追い求めるような人びとが中心となって押し進めたのではなく，むしろ反営利的な性格を持つプロテスタントの人びとがその原動力になったと述べている。彼らは自分の仕事を神から与えられた天職と考え，「隣人愛の実践」として人びとが欲するものをつくったのであり，そこ

で得られた儲けは奢侈せず蓄積し，さらなる生産のために振り向けるという禁欲的な生活態度をとった。利潤は隣人のために一生懸命働いた結果であり，決してそれ自体が目的ではなかったのである。

　しかし，資本主義の発展はいつしかプロテスタントの人びとの内面にみられた宗教的動機を消失させてしまい，利潤の獲得自体を直接的かつ究極的な目的に変えていった。人びとは自らの利益の追求に邁進し，他人より効率的により多くの利潤を手にする者と，そうでない者との格差が次第に大きくなっていった。

　ところで，19世紀の資本主義社会が一握りの富める者（**資本家**）をさらに富ませ，大多数の貧しき者（**賃金労働者**）をさらに貧困に陥れるという社会的矛盾を鋭く指摘したのは^{K. Marx(1818〜83)}**マルクス**である。彼はその根本原因は資本家が生産手段（土地，建物，資本など）を独占的に所有しているからだと考えた。労働者は自ら**生産手段**をもたないから，労働力を資本家に売って生活の糧を得る以外にない。そのため労働者は工場などで働き，労働の対価として賃金を受け取るのであるが，賃金として資本家から支払われる部分は実は，自らが働いて新しく生み出した価値の総体を下回るものでしかない。つまり労働者に支払われない部分こそが資本家にとっての儲け，すなわち利潤だとマルクスは考えた。したがって利潤とは労働者からの**搾取の結晶**であり，資本家が誰にも気づかれないようにいかに巧妙なやり方で利潤を獲得しているのかを厳しく告発した。

　資本主義社会で利潤がどのようにして生まれ，またどうすれば大きくなるかのメカニズムは，マルクスによって徹底的に暴き出された。労働者に支払われずに搾取された部分こそが利潤の正体であるとすると，利潤とは汚いものであり，それをより多く獲得しようとする行為は肯定されるわけにはいかないことになる。より多くの利潤を得ようとすればするほど労働者の犠牲や苦痛が伴うからである。たとえば，**労働時間の延長，労働の強度化，労働生産性の向上**

などは，労働者を犠牲にしてコストを下げ利潤を大きくする方法となっている。あるいはまた企業が有害物質の処理や環境対策に支出すべきコストを節約してそのままにしてきたために起こった公害は，わが国でも大変な惨禍を引き起こした。これは地域住民を犠牲
5 にして利潤追求を行った結果である。

　では利潤は悪であり，利潤追求は許されないことなのであろうか。確かに，利潤追求が何のルールや制約もなくなされるとすると深刻な問題が生じるだろう。とくに今日，企業に直接，間接に関わる労働者，地域住民，消費者といった人びとを犠牲にするような利
10 潤の追求は決して許されない。そのための法律やさまざまな制度がつくられてきている。

2　利潤の現代的意義

　利潤とは搾取の結晶であるというマルクスの理論をうけて，資本主義の社会的矛盾の解消を目指して20世紀になって登場したのが，
15 社会主義社会である。資本家から生産手段を奪って，労働者だけの自由で平等な社会をつくり，私的な利潤追求（搾取）をなくしてしまおうとするものであった。しかし，社会主義の誕生によって葬り去られたはずの利潤という考え方は，実はまったく違った側面から社会主義社会で再び必要とされることになる。
20 　E. G. Liberman(1897〜1981)
　リーベルマンは計画経済を推進してきた1960年代のソ連邦において，企業に本来期待したような生産結果が達成されないことを問題視し，利潤概念の導入を訴えた。つまり社会主義社会であっても企業の成果達成の尺度という機能をもつ利潤概念は必要だったのである。この利潤論争を契機として，利潤という考え方は復活することになった。
25 　また，国民，とくに老人や子供の福利厚生，医療等のために利潤にあたる価値部分が資本主義にもましてより多く必要とされるとい

う意味では，社会主義社会は多くの利潤を必要とする社会である。すなわちどのような社会体制をとるにせよ，社会を構成する人びとが，豊かで快適な生活を送るための原資である利潤は必要とされるのである。

　ところで利潤にこれまでとは違った新しい解釈を与えたのは経営学者**ドラッカー**である。ドラッカーは，社会の決定的，代表的，構成的制度になった現代大企業はもはやつぶれることは許されず，したがって企業の指導原理は利潤追求原則ではなく**企業維持原則**へと変化してきていると考えた。企業維持原則とは，社会的制度となった企業が維持・存続していくことが第一義的な目標となっていることを意味する。そのためには企業が投じた過去の支出に対する当期費用の回収だけではなく，むしろ将来における不確実性，設備の取り替え・陳腐化，危険などに備えて**未来費用**を獲得することが企業には求められる。これまで利潤と把握されてきた部分は，むしろ企業の維持・存続のための未来費用として新たに概念化されねばならないというのである。したがってドラッカーは，企業の目的は利潤追求ではなく**顧客の創造**にあり，そのためには**マーケティングとイノベーション**こそが最重要であると指摘している。

　現代企業の役割を考えるとき，ドラッカーの未来費用論は説得的である。企業が維持・存続することで人びとは財，サービスを享受し，また所得を得ることができる。さらに国家財政も潤うのである。したがって企業が獲得する利潤とは，① 社会的諸費用の原資，② 企業存続の原資なのであり，また市場においては③ 成果達成の尺度という機能ももっているのである。こうした利潤のもっている現代的意義は益々大きくなってきている。

（注）P. F. Drucker (1909〜2005)

【学習ガイド】
1．会社には合名，合資，株式，合同の4つがあるが，いくつもの

　種類があるのはなぜだろうか。またもしあなたが起業するとすれ
　ば，どの会社形態を選ぶであろうか。その理由を考えてみよう。
2．会社は誰の利益を重視して経営されるべきであろうか。また会
　社は実際に誰の利益を重視して経営されているのであろうか。具
　体的な会社の事例をあげて考えてみよう。

〈参考文献〉
▶入門書
風間信隆編『よくわかるコーポレート・ガバナンス』ミネルヴァ書房，2019 年
木ノ内敏久『日本企業のガバナンス改革』日経文庫，2020 年
小松章『企業形態論第 3 版』新世社，2006 年
宍戸善一『ベーシック会社法入門〈第 8 版〉』日経文庫，2020 年
堀江貞之『コーポレートガバナンス・コード』日経文庫，2015 年
三戸・池内・勝部『企業論〈第 4 版〉』有斐閣，2018 年
▶学術書
勝部伸夫『コーポレート・ガバナンス論序説』文眞堂，2004 年
菊池・平田『企業統治（コーポレート・ガバナンス）の国際比較』文眞堂，2000 年
広田真一『株主主権を超えて―ステークホルダー型企業の理論と実証』東洋経済新報
　　社，2012 年

第 3 章

組織と管理

この章のポイント

① 現代は組織中心の社会であり，誰もが組織と管理と無縁では生活できない。

② 「組織」と「管理」は，（「企業」とともに）経営学の重要なキーワードである。

③ テイラー・システムは科学的手法によって管理を体系化した初めての試みである。科学的管理は今日に至るまで管理の根幹である。

④ 管理の合理化は組織の機能性の向上と同時に，個人の疎外・抑圧を生む。この矛盾の解決が現代管理論の課題である。

⑤ 官僚制は近代的組織の基本である。組織はその上で，さらに環境の多様性に対応してさまざまな形態をとる。

⑥ バーナードによって管理論は一新された。管理とは組織存続のための機能である。そのためには，共通目的・貢献意欲・伝達（公式組織の三要素）の確保が必要である。

⑦ 目的的結果と随伴的結果を同時にみすえた複眼的管理が必要である。

組織社会と現代人

　現代は**組織社会**といわれる。人間の社会的活動（政治・経済・教育・医療・福祉・芸術・スポーツなど）を行う主体となっているのは，官庁・企業・学校・病院など，ピラミッド型の組織体である。
5　私たちは誰もが，これらの組織体の一員となって働き，また，そのサービスを受けて生きている。たとえば皆さんは，現在，大学や専修学校の学生として教育サービスを受けているし，企業が提供する商品や，政府・地方公共団体の行政サービス，病院の医療サービスがなければ暮らしていけない。そして，卒業後は，企業または何ら
10　かの組織体に就職し，多くの人はそこで一生の大半を過ごすであろう。

　現代の代表的・典型的な組織体である企業は，財・サービスの提供という**経済的機能**を果たす制度である。企業がこうした役割を果たさなければ，現代社会は存続できない。同時に，そこに働く人び
15　とにとっては，企業は人間関係を結び，地位と機能と所得を得，生きがいを見い出す社会である。これを企業の**社会的機能**という。さらに企業は経済的機能を達成するために，命令と服従の関係をつくり，規則をつくり，従業員を管理するという**統治的機能**を果たしている。従業員（＝皆さん）は命令者（管理する側）として働くこと
20　もあれば，服従者（管理される側）として行動することもある。そこでいかなる管理がなされるかにより，皆さんの人生そのものも左右される。企業に限らず，官庁や学校，病院に勤めても事情は同じである。

　組織とは何か。**管理**とは何か。組織の機能性とメンバーの人間性
25　を同時に満たすような管理は，果たして可能であろうか。また地球環境問題のように，組織の本来的な活動の副産物として引き起こされた随伴的結果（本章107頁）も近年では問題とされるようになってきている。

　本章では，組織の維持・拡大のための理論と技法を展開してきた
アメリカ管理論を中心に，これまでの管理論の流れを概観しよう。
それにより，現代人にとって最重要の問題ともいえる組織と管理の
問題を考えていきたい。

I　古典的管理論
―科学的管理から人間関係論まで―

1　科学的管理法の成立〜テイラー・システム
a．成行管理と科学的管理

　近代的管理＝科学的管理は，19世紀の末から20世紀の初めにか
けてアメリカで成立した。多数の人びとが集まり，共通の目的を達
成しようとするとき，組織が成立する。組織を維持・拡大しようと
するところに管理が生まれる。科学的管理以前の前近代的な管理
は，勘と経験にもとづく場当たり的な成行管理であり，暴力的なア
メとムチの管理であった。それが，19世紀後半以来のアメリカに
おける ① 独占的大企業の成立と，② 労働組合運動の高まりを背景
として，調査・研究・分析による合理的・計画的な管理が必要と
なった。これが科学的管理である。科学的管理の成立により，アメ
リカの経営学＝管理論は成立した。

b．テイラー・システムの体系

　科学的手法によって管理を体系化した最初の試みがテイラー・シ
ステムである。工場の機械技師であった**テイラー**は，労働者の組織
的なサボタージュをなくし，現場の作業を効率化するために ① 課
業の設定と ② 課業の実施を科学的に行う方法を展開した。

Frederik Winslow Taylor(1856〜1915)

(1)　課業の設定

　労働者が行うべき1日の標準的な作業量を**課業**（**task**）という。課業を勘と経験で設定していたのでは，労働者のサボタージュをなくすことはできない。課業の科学的な設定は，具体的に次のように行われる。① 現場作業の研究対象として**一流労働者**を選抜し，② 彼らの作業方法・作業時間・作業条件を分析する。これを**時間研究・動作研究**という。これをもとに，③ 標準的な作業方法と作業時間が決定され，課業の設定がなされるのである。このとき，最短労働が最良の労働とされ，課業は一流労働者の健康を損なわないことを限度として，マキシマムが決定された。

(2)　課業の実施

　科学的に設定された課業は成り行きでは実施できない。課業を科学的に実施するために，① 企画部の設置，② 職能式組織（ファンクショナル・システム）の採用，③ 差率出来高賃金制の導入がなされた。**企画部**では，時間研究・動作研究による課業の設定や，工程計画・賃率設定・原価分析などの管理作業とともに，労働者の選抜や訓練が科学的に行われた。**計画と執行の分離**である。数人の部下を1人の万能式職長が管理していた従来の直系的組織（ライン・システム）に対して，**職能式組織**では，職長の仕事がいくつかの機

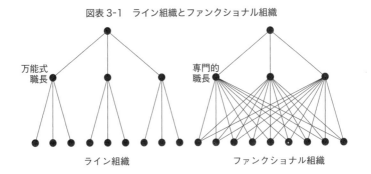

図表 3-1　ライン組織とファンクショナル組織

万能式
職長

ライン組織

専門的
職長

ファンクショナル組織

能に分解され，何人かの専門的職長に担当させた。したがって，1
人の労働者は数人の専門的職長（速度係・検査係・修繕係・能率
係）の命令をうけることになる。さらに差率出来高賃金制は，課業
に達しない場合は低率，課業を超えて仕事をした場合には高率とな
るよう賃率を変えて，労働意欲を刺激した。　　　　　　　　　　5

c．テイラー・システムの成果と限界

　以上のような課業の設定と実施の体系をもつシステムを，テイ
ラーは「労働者には高賃金，経営者には低労務費」という労使双方
に繁栄をもたらすものであるとした。その秘密は，一流労働者の労
働量は平均的労働者の労働量の3倍ないし4倍であり，賃金は平均　　10
的労働者の約2倍が支払われるところにある。

　テイラー・システムにより，それまで労働者の組織的怠業によっ
て阻まれていた現場作業の効率化は飛躍的に向上した。だが，この
システムにも限界はあった。① 現場作業の管理の技法のみに関心
が向けられ，組織全般にわたる総合的な管理を目指していなかった　　15
こと。したがって，② 肉体労働者の管理中心であり，精神労働者
の管理にまで及んでいないこと。③ 労働者は低知能で怠け癖をも
つという前提のもとに，単純な作業を割り当て，厳しい監督による
監視と作業の反復で金銭欲のみを刺激するなど，労働者の人間性を
軽視した機械的人間観に立っていたこと。④ 一流労働者を基準と　　20
して設定された課業は，平均的労働者には達成が困難であること，
などである。

　こうしたテイラー・システムの採用は，労働強化に対する労働組
合の猛烈な反発をよび，ついにはアメリカ議会の下院において科学
的管理法特別委員会が設けられ，テイラーに対する査問が行われる　　25
ほど社会問題化した。

d．科学的管理の本質

　テイラーは，時間研究・動作研究を基礎とした課業の設定と実施
の体系を提唱したが，彼自身はこれのみに固執していたわけではな
い。むしろ「労使双方が個人的な意見や判断を捨てて，正確な科学
5　的研究と知識にかえる」という「**精神革命こそが科学的管理の本質
である**」と証言している。テイラーはまた，「**対立から調和へ**」と
いうことも，科学的管理のもうひとつの重要な柱と考えていた。

　課業管理の体系と，調査・分析による法則性の把握にもとづいた
科学的管理の提唱に対して，ロシア革命の指導者レーニンは，これ
10　を「科学的苦汗制度」であり，「機械による人間の奴隷化」と非難
しながらも，社会主義の建設のためには利用する必要があると述べ
た。これに対して，ドイツの社会学者**マックス・ウェーバー**は，テ_{Max Weber (1864〜1920)}
イラー・システムを**官僚制**のもっとも進んだかたちであり，「経営
の規律化と機械化の最終段階」と評した。ウェーバーは他方で官僚
15　制そのものを，「抑圧の器」と述べている。管理の合理化・科学化
というテイラーの路線は，ウェーバーのいう合法的支配の機構たる
官僚制（コラム参照）を一途に発達させるものといわれる。その意
味で，テイラー・システムの意義は，科学による管理の体系化の第
一歩であるとともに（テイラー以降，現代にいたるまでの一切の管
20　理は，科学的管理の範疇にあるともいわれる），**管理の合理化・組
織の機能性**の追求に伴う**疎外・抑圧**の問題を提起した点にも認めら

図表 3-2　管理の合理化と機能性・抑圧性

れる。この問題をいかに克服するかが，現代管理論の課題である。

●官僚制～近代的組織の特徴

A. 官僚制とは何か

　官僚制とは，常識的には行政組織をさす語であり，その非能率性・硬直
性の代名詞としてイメージされている。だが，官僚制＝ビューロクラシー
（「事務所・書記局による現場の支配・管理」という語義。テイラー・シス
テムにおいてみられる「企画部による生産現場の管理」は，その好例であ
る）は，むしろ近代の機能的な組織の一般的な特徴を示すものである。

　官僚制は，① 規則中心で動く，② 階層化され，③ 専門化されたピラ
ミッド型組織である。官僚制は，業務の規模が拡大し，目的の合理的達成
を目指すとき，どこにでも必ず生まれてくる。古来，官僚制は国家が生ま
れ，行政が大きくなるに従って成立してきたが，現在では行政の分野だけ
でなく，生産・教育・医療・軍事・福祉など，人間の社会的活動のあらゆ
る分野で成立・発展している。その意味で，現代は普遍的官僚制化の時代
といわれる。

B. 官僚制の合理的機能様式

　官僚制の**合理的側面**を初めて理論化したのはウェーバーであった。彼に
よれば，官僚制の特徴は次のようにまとめられる。

　① 規則にもとづく権限の行使と職務遂行。職務・権限の明確化

　② 非人格的な支配関係（人にではなく，規則や職位への服従。規則・
　　職務・契約の範囲内での命令・服従関係）

　③ 文書による命令・伝達・職務遂行

　④ 専門分化された職務。専門的訓練，資格制度・試験制度

　⑤ 公私の峻別。没主観性

　⑥ 審級制にもとづく権限のヒエラルヒー。階層制と任命制

　⑦ 経営手段（職務遂行のための手段。生産手段・行政手段など）から
　　の個人の分離

　以上のような機能様式をもつ官僚制を，ウェーバーは**生きている機械**と
表現し，職務を遂行する場合に，これほど正確性・迅速性・継続性・統一
性・慎重性・明確性・客観性をもっているものはないと論じている。上の

①～⑦の原則にもとづいて職務遂行するとき，各人の行為は「計算可能」なものとなる。職務担当者が依拠するのは「専門主義」と「没主観主義」であるが，合理的な官僚制にとっては「怒りも興奮もなく」「人物のいかんを問わず，対象に即して」冷静・忠実に職務遂行することが合言葉となる。

C．逆機能性と抑圧性

　もちろん，官僚制はいつも合理的・機能的にのみ動くわけではなく，最初に述べたような非能率性・硬直性（規則一点張り・文書主義・縄張り主義・形式主義・先例主義・組織の肥大化など）を示すことは，誰もがよく知っている。官僚制のこうした側面は，マートンやグールドナーらのアメリカの社会学者によって，官僚制の逆機能性として理論化されている。彼らによれば，ウェーバーは官僚制論の先駆者として評価されながらも，その合理的な機能性のみに注目し，逆機能性については十分に論じていないと批判される。

　だが，ウェーバーの官僚制論の意義は，合理的・機能的な官僚制が，同時に，人間を支配する機構として抑圧的であることを問題提起した点にある。官僚制においては，合理性・機能性が追求されればされるほど，この抑圧性も耐え難いものとなる。それゆえ，科学の応用による現場作業の効率化の手法としてつくられたテイラー・システムも，労働者にとっては苦汗制度として抑圧的に機能したのである。

　この抑圧性は，逆機能性とは別次元の問題であり，これこそが官僚制の根本問題である。したがって，現代管理論の課題は，官僚制の機能性と抑圧性の矛盾をいかに克服するかにあるといいかえてもよい。

●組織形態

　近代の機能的な組織形態の基本は官僚制である。だが，企業のおかれている環境は複雑であり，その中で自らの維持・存続をはからねばならない。そのためには，企業は規則・階層制・専門化を三要素とする官僚制を基礎としながらも，環境の多様性や変化に対応して組織形態を変革することにより，ビューローによる現場の支配・管理をさらに精緻に行わざるをえない。その意味で，組織形態の変革は，絶え間ない変化の中で環境適応

しようとする企業の答えである。企業組織の代表的なものは集権的職能組織（ライン組織，およびライン・アンド・スタッフ組織），分権的事業部制，そして両者のメリットをともにあわせようとしたマトリックス組織である。

A．集権的職能組織

　企業組織のもっとも単純な形態は**ライン組織**である。個人（または下部組織）が，上位の管理者（または管理組織）によって一元的に命令を受ける集権的な組織構造が，ライン組織である。企業の規模が大きくなると，たとえば生産や販売の現場に，資材部・製造部・販売部などの部門が成立するなど，仕事の分化が起こる（**職能別組織**）。こうした製造および販売の基幹部門をライン部門とし，これらに対して，企画・総務・人事・経理など，ラインを補完し，支援する部門をスタッフ部門として，両者を結びつけたのが**ライン・アンド・スタッフ組織**である。スタッフ部門には，研究開発部など，専門的・技術的な助言を行う専門スタッフと，総務部・人事部・財務部など，管理的な活動に従事する管理スタッフがいる。

　ライン・アンド・スタッフ制は，環境に適応しようとする企業組織の出発点であり，製造や販売の第一線部門から総務・人事・経理などの間接業務を取り除き，機能を純化して組織の効率的な活動を促進しようとしたも

図表 3-3　職能別組織（ライン組織）

図表 3-4　職能別組織（ライン・アンド・スタッフ組織）

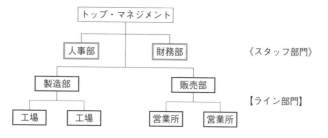

のである。これは企業内の職能的な機能分化を進めながらも，各部門の統制・調整の主体としてトップが大きな権限をもつという意味で，**集権的職能別組織**という性格をもつ。その点ではライン組織も同様である。

　こうした集権的な組織は，企業規模が比較的小さく，特定の製品や事業分野に集中した企業では，すべての意思決定権がトップ・マネジメントにおかれることにより，迅速で効率的な運営がなされる。逆に，多角化した大企業では，トップ・マネジメントと各部門の乖離によって迅速かつ適正な意思決定が疎外されたり，現場のモラールの低下を生む。また，ライン部門は生産工場や販売支店などの現場組織が主体であるのに対して，スタッフ部門は本社の管理機構に属しているために，スタッフ部門が経営管理の中枢という意識をもち，ライン部門に対して命令する傾向や，過度な報告を求めるなどの，官僚制の逆機能的な現象が生起する。

B．分権的事業部制組織

　このような集権的職能別組織の硬直性や環境への不適応性を克服するのが，**事業部制組織**である。事業部制とは，業務内容を一単位として考える組織であり，製造・販売する製品の種類別や，地域別・顧客別に事業部を作って，各事業部へ独立した会社のように権限委譲したり，独立採算制をとっている点に特徴がある。企業が市場のニーズの多様化に対応して，単一製品・単一事業から，複数の商品・事業に多角化したり，広範な地域に企業活動の範囲を拡大していくことに伴う環境変化への対応（地域別・顧客別の需要状況の多様性や，製品ごとに異なる競合関係への対応）が，集権的組織から，**分権的な事業部制への転換**なのである。

　事業部制は，アメリカでは GM（自動車），GE（電機），デュポン（化

図表 3-5　事業部制組織

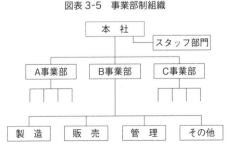

学）などで早くから採用されていたが，日本では何といっても松下電器（現パナソニック）が有名であり（昭和20年代に採用），同社が家電業界のリーディングカンパニーであったことから，その発展の原動力として事業部制が評価され，同業他社のみならず，他業種の企業にも注目され，普及した。もちろん，複数の独立事業部の上には本社があり，そこで各事業部の業務の計画・調整・評価が行われ，必要な人材・資金の配分がなされる。各事業部は，これに対して，担当製品・地域・顧客の業績と市場開拓・確保に責任をもつ構造となっている。

経営規模と事業部制の間には必ずしも関係はなく，むしろ企業の戦略や市場との相関性が高い（「組織構造は戦略に従う」という命題を提示したのはチャンドラーである）。製品が標準化され，市場が安定している場合（鉄鋼・電力）は集権的職能組織が適しているのに対して，企業が多角化戦略をとり，技術や市場の変化が激しいときには，事業部制組織が採用される。製品・地域・顧客ごとの経営のスピード化と自主責任の貫徹が事業部制の目的である。確かに，この点を追求するなら，独立した子会社・別会社として設立して，長期戦略を立てた方が有利である。だが，新規事業立ち上げの懐妊期間が長く，独り立ちするまで親会社と会計をひとつにして，利益調整をはかるのが有利な場合などには事業部制を採る方が好都合である。

C. マトリックス組織

1970年代より，企業がさらなる環境の多様性への適応を目指す中で生まれてきたのが，マトリックス組織である。マトリックス組織は，職能別組織と事業部制組織の利点を最適化しようとするものである。職能別組織は，共通の人的資源を職能別に組織することによる経済性と専門能力の維持に，事業部制組織は製品別・プロジェクト別の資源の効果的調整に利点をもつ。これらを同時に追求するのがマトリックス組織であり，今日では多くの高度技術集約的企業や多国籍企業で採用されている。

マトリックス組織の特徴は，縦軸と横軸よりなる組織構造にある。ライン・アンド・スタッフ制で述べたように，企業は製造部・販売部（ライン部門），人事部・企画部・財務部・研究開発部（スタッフ部門）など，それぞれ独自の機能をもった職能別組織をもっている。他方，企業が多様な顧客のニーズに対応した製品戦略を立てるためには，プロジェクト別（製

図表3-6　マトリックス組織

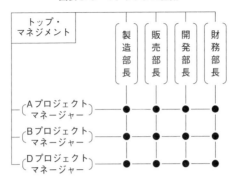

品別・顧客別・地域別）の目的的組織を作らなければならない。このように職能別組織の系統と目的別組織の系統をもち，それぞれを担当する管理者を配したのがマトリックス組織である。マトリックス組織では２つの異なった組織と管理者の系統を縦・横につなぎ，従業員がその両方の組織に
5 属して，どちらからも命令を受ける構造（ツー・ボス・システム）をとる。

　マトリックス組織の２つの系統は，たとえば，一方がニーズ，他方がシーズ中心というように異なった指向をもった管理者のもとで動かされ，従業員もそのような多元的な価値のもとで，短期的なプロジェクトの成功と長期的な技術の育成に同時に取り組むような行動を可能とする。また，
10 マトリックス組織を構成する軸は２つにとどまらず，３本以上に及ぶことがある。たとえば，IBMは，① 製品・サービス別組織（サーバ，ソフトウェア，サービス他），② 業種別（金融・製造・流通，中小企業，消費者），③ 地域・国別（アジア太平洋，欧州・中東・アフリカ，南北アメリ
15 カ）の３つの組織形態を組み合わせている。世界を３地域に分け，百数十カ国において多様な事業展開を行っている同社は，こうした複雑な組織のもとに世界レベルでの戦略策定や投資，国や市場ごとの事業戦略の実現を目指しているのである。

　不確実性がますます増大する環境に対応するためには，ニーズ指向と
20 シーズ指向など，多元的な価値の追求が必要であるが，これを組織形態として定着させようとするのがマトリックス組織である。製品別・地域別の

事業部は，顧客に応じた対応が出来る反面，人的・物的資源の重複のため多大なコストを要するが，マトリックス組織はこうした資源の重複を避ける効果もあわせもつ。他方，組織が複雑になればなるほど，マトリックス組織の運営には，高い調整能力やコミュニケーション能力を伴うリーダーシップが要求されることとなる。

　以上，集権的職能別組織（ライン組織，ライン・アンド・スタッフ組織），分権的事業部制組織，マトリックス組織が企業の組織形態の基本であるが，ほかにも**ネットワーク組織，仮想企業体**（バーチャル・コーポレーション），**カンパニー制，社内公募制，社内ベンチャー，持株会社**など，企業を取りまく環境や戦略に応じて，さまざまな組織形態が新たに生み出されている。だが，これらを個々に覚えるよりも，次項で述べる「組織設計の原理」（分業と調整の原理）を理解し，自社に最も適した組み合わせで組織を設計するのが重要であろう。

●組織設計の原理〜分業と調整の原理

　前項で企業の組織形態を学んだが，これらを設計する原理は何か。その基本は，分業と調整である。

A．分業の原理

　分業とは仕事の分担であり，これにより生産性の向上・効率性の上昇が可能となる。また，管理者の仕事も，より有効に行われるようになる。

　管理者は，現場では判断できない問題への意思決定を行う。具体的には，①情報の収集と②分析のもとで，③選択肢を作成し，④選択＝決定する。そして，⑤決定事項を伝達するというプロセスをとる。これらのうち，重要かつ高い能力を要するのが③④であり，①②⑤は他者に委ねることが可能である。後者を，情報の収集・分析担当のスタッフや，決定事項を通知する文書作成を担当するスタッフにまかせることで，管理者は選択肢の立案や決定に専念し，それが生産性や効率性の向上につながるのである。

　だが，分業が進むと，①仕事の細分化・意欲の低下と，②調整の困難化というデメリットが生じることになる。とりわけ調整の困難化は，分業の増大・複雑化，長期化により大きくなる。これを解消するために，組織

設計の第2の原理として，分業化された仕事の調整が浮かび上がることとなる。

B. 調整の原理

調整のメカニズムは，事前の準備と事後的調整のメカニズムに分けられる。事前の準備としては，① プログラム，② 計画・目標管理，③ 教育訓練があげられる。これに加え，事後的調整のメカニズムとしては，④ ヒエラルヒーが利用される。この4つが，組織における調整手段の基本セットであるが，これは，前のコラムで学んだ官僚制的な調整メカニズムにほかならない。

官僚制は，大規模・大量の業務を遂行する際の正確性・迅速性・継続性・統一性などの点で比類なく合理的な反面，未知の課題や例外的なケースへの対応は不十分とのイメージがある。だが，必ずしもそうではない。

官僚制の基本は，① 決められたことを，そのとおりに実行し，② 例外的な事柄については確実に報告し，上司の判断を仰ぐことである。管理者の仕事は，(1) 長期的な戦略の策定と，(2) 日常的な組織内の調整業務の遂行にある。(2)は，a 部下への直接的な指揮と，b 部下が判断できない例外の処理を通じて行われる。しかし，より重要なのは，(1)の長期的戦略策定である。官僚制の基本動作ができない組織では，不良品・事故が多発し，その対応に膨大な時間とエネルギーが費やされ，組織の信用も低下する。管理者もその処理に忙殺され，本来なすべき戦略決定に集中することができない。安定した官僚制の足腰の上に長期的な戦略策定も可能となるという意味では，「官僚制は創造性の母」である。

環境の不確実性が増大すればするほど，現場には例外的な事象が増大する。組織はこれに対処するため，ヒエラルヒーにさまざまな工夫を加えることになる。それが，前コラムで学んだ組織の諸形態なのである。

2　管理原則と管理過程

a. 管理原則

組織と管理を研究対象とするマネジメント系の経営学の祖とされるのが，前節のテイラーと，本節で紹介するファヨールである。テイラーは，科学的管理法を提唱した際に，科学を応用するにあたっ

ての原則の必要性を説いたが，彼自身は，原則とは何であるかについての理論的な反省はしなかった。また，管理とは何かを論じ，管理そのものの科学化の問題を追求するところまでは至らなかった。

　管理の原則と管理そのものの分析に初めて取り組んだのは，フランスの鉱山技師から鉱山会社の社長となった**アンリ・ファヨール**である。彼によれば，管理とは従業員に働きかける職能である。そして，従業員によって構成された社会体＝組織体を，健康な状態におくための一定の条件ないし基準が**管理原則**である。管理原則の数と内容は限られたものではないが，ファヨール自身は次の 14 項目をあげている。

　① 分業，② 権限と責任，③ 規律，④ 命令の一元性，⑤ 指揮の一元性，⑥ 個人的利益の全体的利益への従属，⑦ 公正な報酬，⑧ 権限の集中，⑨ 階層組織，⑩ 適材適所による秩序，⑪ 従業員の公正な態度，⑫ 従業員の安定，⑬ 従業員の創意，⑭ 従業員の団結。

b．管理過程

　ファヨールはまた，企業における**目的的職能**と**管理的職能**を区別し，さらに後者（管理的職能）の過程的な分析も行っている。目的的職能は図表 3-7 のようにまとめられる。これは過程的に捉えれば「購買－生産－販売－財務」の各職能と把握することができる。

　これに対して管理的職能は「予測（計画）－組織－命令－調整－統制」の各要素に分解して定義される。これらの各要素は管理のプロセス（管理過程）を構成するものである。

　以上より，管理的職能と目的的職能をはっきり区別すべきという認識が得られる。人間の協働行為は何らかの特定の目的をもったものであり，目的の違いにより，生産・商業・政治・教育・研究・宗教・軍事・医療等々，それぞれ別個のものとなる。だが，いかなる目的をもった協働行為体であろうと，管理的職能は不可欠であり，

図表 3-7　目的的職能と管理的職能

目的的職能		管理的職能（管理過程）	
① 技術的職能	生産・製造・加工	① 予測（計画）	将来の検討，活動計画の作成
② 商業的職能	購買・販売・交換	② 組織	物的資源と人的資源の二重の組織
③ 財務的職能	資本の調達と管理	③ 命令	従業員を機能せしめる
④ 保全的職能	財産と従業員の保護	④ 調整	あらゆる活動と努力の結合・一元化・調和
⑤ 会計的職能	財産目録・貸借対照表・原価・統計等	⑤ 統制	すべてが確立された基準と命令に従って遂行されるよう注意

図表 3-8　管理の諸過程

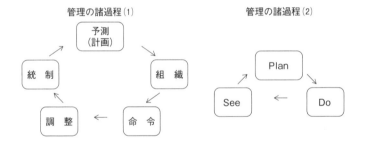

それは等しく「予測（計画）－組織－命令－統制－調整」のプロセスをなすのである。これはさらに要約すれば「Plan－Do－See」の過程といいかえることもできよう。

c. ファヨールの管理論の意義

5　　古典的な管理観は「人に仕事をさせる」というものであり，それは他から命令され，強制され，評価され，懲罰されるプロセスとして把握される。こうした管理観のもっとも洗練されたものがファヨールの管理過程の枠組みである。最初に述べたように，ファヨールにおいて初めて管理原則が意識的に論じられ，また管理そのもの

が過程的に分析され，ここから管理過程学派・管理原則学派として現在に及ぶ理論の礎が築かれた。だが「予測（計画）－組織－命令－統制－調整」の枠組みは管理論の旧パラダイムというべきものであり，これに立った研究者は今日では少数派になっている。現在では，管理とは組織を維持する機能であり，それは具体的には組織の三要素である共通目的・貢献意欲・伝達の確保によりなされる，と考えられるようになっている。これについては，次節のバーナード組織論において詳述する。

　ただし，研究上のパラダイムとしての評価はそうであっても，実用性という点で，伝統的管理論は陳腐で役に立たないというものではない。企業や行政体，そして皆さんに身近なものとしては近年の大学など，各種組織の現場で「PDCAサイクル」が回され，マネジメント工程表を作成されるなど，効率的な組織運営に有用なツールとして活用されているのである。

図表 3-9　管理サイクル（管理過程）と PDCA サイクル

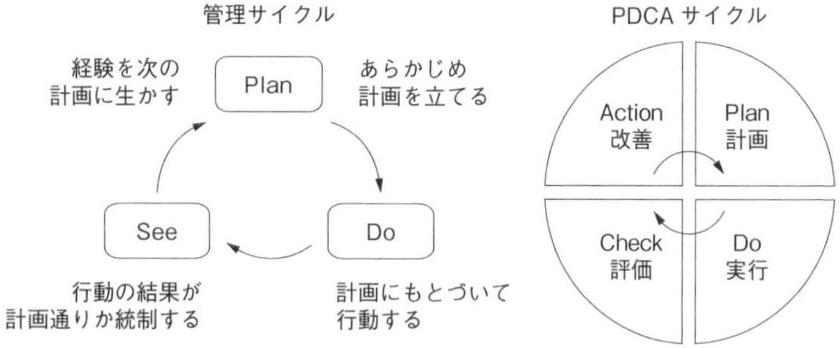

（出所）高橋伸夫（2016）『大学4年間の経営学が10時間でざっと学べる』KADOKAWA。

3　ヒューマン・リレーションズ

a．ホーソン実験

　テイラーの「勘と経験から調査・分析へ」「成行管理から科学的管理へ」という主張は，その後，今日まで続く管理の基調であると前々節で述べた。それは作業—作業組織—工場—企業のあらゆる側面で進行する。そのなかで，ウェスタン・エレクトリック社のホーソン工場で行われた実験から，「ひょうたんから駒」のように実験の意図に反した思いがけない発見がなされ，管理の新生面が開かれることとなった。このホーソン実験は，その意味で歴史的な意義をもつ実験である。

　ホーソン実験は，1924 年から 1932 年まで，ハーバード大学のメイヨー教授とレスリスバーガー教授の指導のもとで実施された。Elton Mayo(1880~1949)　Fritz Roethlisberger(1898~1974)その目的は労働条件と作業能率の関係の研究であり，前者の改善が後者の向上をもたらすという仮説のもとに行われた。だが，実験の結果，その仮説の正しさを示すデータは得られなかった。むしろ，作業能率を高めるものはモラール（勤労意欲）であり，モラールのあり方を決定する要因として人間関係——非公式組織が発見されたのである。

図表 3-10　ホーソン実験の仮説と結果

b．作業能率とモラール

　労働条件と作業能率の関係を調べるために，最初はさまざまに照明度を変えながら，それとともに作業量がどれほど上下するかが測定された。これは物的な作業条件と能率の関係を確かめるものであ

る。そして次には，賃金の改善，労働時間の短縮，休憩時間の設定・拡大，間食の支給など，さまざまな**労働条件**を次々に変えて作業の能率が測られた。いずれも作業条件ないし労働条件を改善することが，**能率の向上**につながると考えられたのである。

ところが，実験の結果，「作業条件・労働条件の改善→作業能率の向上」という，何の疑いもないような仮説を証明するデータは得られなかった。確かに条件の改善とともに作業量は増大したが，条件をもとに戻しても，能率は下がらなかったのである。

もちろん，作業条件ないし労働条件が能率に関係しないはずはない。実はこうした条件以上に能率に関係している要因が存在しており，それが実験の結果に影響を与えたのである。その要因とは**モラール**（士気・勤労意欲）であった。仕事を行う環境がどれほど整っていても，肝心の労働者に「やる気」がなければ，作業ははかどらないのである。ホーソン実験では，調査対象として選ばれた女子工員達のモラールが高かったので，作業条件を変化させても，それがダイレクトには能率を左右しなかったのである。

c．モラールと非公式組織

それではモラールを決定する要因は何であろうか。ホーソン工場の女子工員たちは，重要な実験に参加しているという意識や，そこで生まれた特別な仲間意識，班長の態度，さらには実験の進め方について相談を受けたことから，仕事に対する意欲が高められていた。つまり，職場の人間関係のあり方が，彼女たちのモラールに大きな影響を与えたのである。

そして，職場内の作業集団における関係についてさらに面接調査や観察を続けていくうちに，そこには会社が定めた公式な職制とは異なる，さまざまな現場の関係やルール・慣行があることがわかってきた。仲間内での生産制限や，会社とは別の標準作業量の設定，

働きすぎ・怠けすぎ・告げ口は仲間はずれにされること，仲間内の
ルールに従わない者には，各種の制裁や精神的圧迫が加えられるこ
となどが，その例である。ここには，フォーマル・オーガニゼー
ション（公式組織）に対する，インフォーマル・オーガニゼーショ
ン（非公式組織）の存在が認められるのである。

d．公式組織と非公式組織

公式組織とは，一定の目的と構造をもった組織である。たとえ
ば，企業では何らかの商品を製造するために分業がなされ，企画
部・研究開発部・製造部・販売部といった専門的な部署の中で職務
の体系がつくられ，部長－次長－課長－係長－主任－課員などとい
う階層的な上司・部下の関係が形成され，それが規則にもとづいて
運営されている。このように意識的につくられ，明確な組織図とし
て描かれるのが公式組織である。

だが職場には，これとは別にさまざまな人間関係が成立してい
る。それは明確な目的や構造をもつものではないが，他者と接触し
たいという人間の群居本能・接触本能にもとづいて，自然発生的に
生まれてくるものである。これを非公式組織という。たとえば，皆
さんの教室には，教員と学生という公式組織としての関係があると
ともに，それぞれ友人・知人関係，仲間関係があり，それは良好で
あったり，不仲だったり，濃密であったり，希薄だったりするであ
ろう。このような関係が非公式組織であり，そのあり方がモラール
の高低に影響を与え，最終的には作業の能率を決定するということ
が，ホーソン実験により発見されたのである。

e．ホーソン実験の理論化

こうしたホーソン実験から生み出された新たな管理の手法が，
ヒューマン・リレーションズ（人間関係論）である。ホーソン実験の

成果はメイヨーによって哲学的な意味づけがなされ，レスリスバーガーによって人間関係論的な管理のための基礎理論がつくられた。

　それまでの社会科学は人間を孤立的個人として捉え，必ずしも他者との接触は想定されていなかった。したがって，管理もそうしたことを考慮せずに行われていた。これに対して**メイヨー**は，人間を協働的な集団をつくる社会的な存在として捉えた。人間の社会・集団は，① 物質的・経済的な必要を充足するとともに，② 互いの自発的な協力関係を維持しなければ存続できない。① のために求められる技能を**テクニカル・スキル**（技術的技能）といい，② のための技能を**ソシアル・スキル**（社会的機能）という。

　テクニカル・スキルが生産や流通のための技能であるのに対し，ソシアル・スキルは集団内のコミュニケーション関係を維持する技能であり，仲間としての態度や考え方の形成にかかわるものである。かつての手工業的な生産の中では，労働者はこれら2つの技能を同時並行的に学ぶことができた。しかし，メイヨーの時代までの100年あまりにテクニカル・スキルが飛躍的に発達したのに対して，ソシアル・スキルはほとんど発展していない。現代社会のあらゆる不幸はこうしたアンバランスにある，と20世紀前半のアメリカにおいてメイヨーは主張したのである。

　レスリスバーガーは，このソシアル・スキルを発達させ，人間の協働関係を促進するための理論化を試みた。彼は，① 人間の協働関係の研究や促進のための方法・技術の開発を行うとともに，② 産業を 1) 物的な体系・経済的な体系であると同時に，2) 社会的な体系であり，**心情の体系**であると把握する理論を展開した。

　ヒューマン・リレーションズは，労働者のモラール向上のための方法，すなわち経営に対する帰属意識と勤労意欲を高め，遅刻・欠勤・離職，事故の防止，不平・不満を除去する具体的な方法を発展させた。面接制度・提案制度・相談制度・社内報などはその例であ

る。それはまた，ホーソン実験をきっかけとした社会学・産業心理学の発達によって支えられている。

f．ホーソン実験の意義と限界

　ヒューマン・リレーションズは次のような意義をもつ。① 人間
5 は社会的存在であり，非公式組織を自生的につくる存在であること，② 作業能率に決定的な作用を及ぼすのはモラールであり，モラールに影響を及ぼすのは，（賃金・労働時間・作業環境などの労働条件よりも）非公式組織であることを明らかにした点。そして，③ 以上のような認識にもとづいた新たな管理の手法を開発・発展
10 させたことである。上述の面接制度，提案制度，相談制度，社内報などが，その具体例である。

　だが，ヒューマン・リレーションズは同時に限界をもつ。それは第一に，企業の人間的側面の過度の重視である。企業は何らかの財・サービスの提供という特定の目的をもった協働体であり，その
15 中核は公式組織である。それにもかかわらずヒューマン・リレーションズは，企業の目的やその達成のための公式組織を直接問題とするのではなく，それ（公式組織）を維持するための手段である人間関係を管理の中心においている。第二に非公式組織そのものの本質や役割についての理解も不十分であり，これについては次に論じ
20 るバーナード理論の登場を待たねばならない。

　テイラー・システムとして成立した科学的管理法は，仕事の体系，すなわち公式組織を直接問題としていた。だが，その人間把握は不十分であり，機械的人間観ともいうべきものであった。ヒューマン・リレーションズにおいては，人間把握がより精緻化し，科学
25 的管理法の新生面を切り開いたとみることができる。しかし，テイラー・システムにせよ，ヒューマン・リレーションズにせよ，組織・管理の一側面を論じたものであり，その全体像を扱ってはいな

図表 3-11　組織と管理の二側面

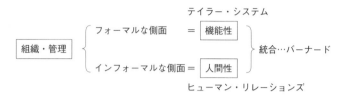

い。組織のフォーマルな側面とインフォーマルな側面を同時に論じた理論も，次のバーナードによって提示されることになる。

Ⅱ　管理論の新次元
―バーナード組織論（近代管理論の成立）―

1　バーナード革命

Chester I. Barnard (1886〜1961)

バーナードによってはじまる管理の理論は近代管理論といわれる。テイラー，ファヨール以来の管理論が，バーナードによって一新されたからである。バーナード理論が登場してからは，それまでの管理過程論ないし管理原則論は，古典的管理論あるいは伝統的管理論とよばれるようになった。

バーナードは世界でも有数の資産を持つ会社，AT&T を含むベル・システムの副社長，ロックフェラー財団理事長，政府の各種委員会など，二桁に及ぶ組織体のエグゼクティヴとして活躍した人物である。彼がそのような経歴より得た全経験を，学問のかたちに結晶化し，概念構成したのが主著の『経営者の役割』^{The Functions of the Executive}である。この書物によって，管理論ははじめて科学になったといわれる。経営学のみならず，社会科学全般に大きな影響を与え，バーナード革命という言葉まで生まれているほどである。ただ書名は『組織論』とした方が，その内容に相応しかったであろう。

5

10

15

　本節ではバーナード理論のうち，特に組織と管理にかかわる部分
を紹介しよう。**バーナード理論**は，企業に限らず，官庁・学校・病
院などさまざまな組織に応用できるので，皆さんも日常的な教室，
ゼミナール，クラブ活動，アルバイト先でのさまざまな経験を思い
5　浮かべながら読むとよいであろう。

2　公式組織の一般理論

a．協働体系と公式組織

　人間は何らかの動機にもとづいて目的を選び，これを達成しよう
とする。だが，目的の達成にはそれを阻もうとする制約が存在し，
10　個人の力だけでは克服できないことがある。このようなとき，人間
は**協働体系**をつくる。協働体系とは，何らかの目的を達成するため
に多くの人びとの活動が結びつけられた集合体である。具体的に
は，政府・企業・学校・病院・労働組合・軍隊・慈善団体・宗教
団体・文化団体・スポーツのチームなど，いずれも協働体系であ
15　る。

　１人ではできないことが，多数の人間の協働により可能になる。
企業や学校・病院は，財・サービスの提供や教育活動・医療活動を
団体で行うことにより，個人の能力以上の成果を上げようとするも
のである。

20　だが，これらの協働体系は，特定の目的を達成するために多くの
人びとが協力している点では同じだが，さまざまな点で違いもあ
る。具体的には，**物的な要素**（企業の生産設備，病院の医療設備，
学校の教育・研究設備），**社会的な要素**（企業は外部との間に商品
と貨幣の交換関係があり，扱う商品により顧客も異なる。病院は医
25　療サービスと医療費，学校は教育サービスと授業料の交換を行って
いる。それぞれの協働体系は，それぞれの異なった社会的な役割を
果たしている），**人的な要素**（病院には医師・看護士・薬剤師・放

射線技師・事務職員がいる。企業・学校にもそれぞれ専門的な訓練
を受けた構成員をもつ）などの点に相違がある。これらの違いを取
り去った後に，企業・学校・病院・官庁などには，まだ何らかの共
通の要素が残っている。それが，ここでいう**組織（公式組織）**であ
る。 5

b．公式組織の定義と三要素

公式組織とは「2人以上の人間の，意識的に調整された活動や諸
力の体系」である。多くの人間が存在しているだけの集団は組織で
はない。野球場の観客席にどれほど多くの観客がいようと，それだ
けでは群衆であって，組織にはならない。だが，応援団の指示に合 10
わせて選手の名前をコールすれば，一時的にせよ組織が成立するこ
とになる。

それでは，どのようなときに，こうした2人以上の人びとの意識
的な調整が可能となるのだろうか。互いに意思を伝達できる人びと
がおり，それらの人びとが共通の目的の達成を目指し，そのために 15
貢献しようとする意欲をもつとき，組織は成立する。①**共通目的，**
②**貢献意欲，**③**伝達**の3つが，**公式組織の三要素**（公式組織成立
の三要素）である。

図表 3-12　公式組織の三要素

(1)　貢献意欲

　人間がいなければ組織はありえない。だが，人間がいても，**貢献意欲**を欠いていては，組織は成り立たない。貢献意欲は，組織の構成員が，私的・個人的な欲求や行為をおさえ，協働体系のために貢献しようとする意欲である。今，皆さんが受講しているこの授業も，履修登録した学生の貢献意欲が低ければ，欠席が増えるし，出席しても私語が多く，組織（講義）として成り立たない。構成員の貢献意欲が高いほど，組織への忠誠心・団結心は高まり，組織力は強化される。

　だが，貢献意欲の大きさは人によってまちまちであり，同一の人物でも，ときにより変動する。したがって，いかにして組織構成員の貢献意欲を確保するかが，組織を維持する上での重要な管理者の課題となる。（後に，誘因と貢献の問題として論じる。）

(2)　共通目的

　共通目的がないところでは貢献意欲は高まらない。また，貢献意欲がないところに共通の目的は成立しえない。目的が存在し，これを容認することと，貢献意欲は同時的なものである。

　目的は，石を動かすとか，野球をするとか単純な場合には明確であり，第三者が客観的に捉えた目的と，協働に参加している各人が（主観的に）捉えた目的の間に差違はほとんどないし，あっても問題にならない。だが，宗教組織や政治組織など，目的が抽象的な場合には，その解釈や手段の選び方をめぐって対立が起こり，協働を分裂に導く場合がある。したがって，共通の目的の存在を明確にし，信じ込ませることが管理の基本的な職能になる（後に詳しく述べるが，管理とは組織を維持・拡大するための機能である）。

　共通の目的の達成のために行動するとき，組織のメンバーは本来の**個人人格**とは別に，**組織人格**を持つ。彼は，組織人格と個人人格の二重性をもつことになる。自分の個人的な好意が組織目的に照ら

して非難されても立腹しないのに，その組織が非難されると激怒する
るのは組織人格の発露である。個人的には尊敬できる人物が，会社
のために違法行為を行うことがあるのも同様である。個人的動機と
組織目的は一致することもあるが，両者が乖離することは希ではな
い。

　なお，組織は特定の目的をもっている（あるいは目的達成のため
に組織はつくられる）が，ひとたび組織が確立すると，組織の維
持・存続のために，目的の変更が求められることがある。ここに管
理職能の重要な側面がある。

(3)　伝達

　共通目的と貢献意欲の2つを結び，動態化させるのが伝達であ
る。伝達は以心伝心によっても行われるが，主に言語を用いて，口
頭や書面によって行われる。現在では，伝達のためのさまざまなメ
ディアやIT技術が発達し，利用されている。

　伝達の技術はあらゆる組織にとってきわめて重要である。たとえ
ば，皆さんの前で講義するとき，100名以内なら肉声でも可能であ
るが，200名，300名となると，マイク設備や板書，プリントの配
布，パワーポイントなどを効果的に組み合わせなければ，授業内容
を伝達する効率は下がり，学生の貢献意欲（勉学意欲）も低下す
る。また企業が全国規模で生産・販売活動を行おうとするときは，
広範囲にわたる通信・交通手段の発達がなければならない。組織の
構造は，伝達の技術・経路・体系・広さ・密度によって規定される
のである。それゆえ，伝達は組織理論の中心的位置を占めることに
なる。

C．複合組織

　以上の共通目的・貢献意欲・伝達の三要素からなる組織は，自然
に発生したり，個人の努力によってつくられたり，あるいは既存の

親組織から派生・分裂したりする。組織のもっとも単純なものは，通常，非常に小さく（たまたま通りかかった人と協力して石を動かしても，そこには組織が成立する），大きな組織は多数の**単位組織**によってつくられた**複合組織**として存在する。たとえば，皆さんが現在学んでいるこの学校も，さまざまな教員・職員・学生の組織や，その部門を単位組織としてもつ複合組織である。

　私たちの社会には，無数の組織が存在しているが，そこには何らかの上下関係があり，最上位に位置するのは，西欧諸国なら国家と教会の２つである。他の組織は何らかの形で，これらの下位組織・従属組織である。皆さんは，国民であると同時に市民であり，またこの学校の学生であり，さらにその中の学科・コース・クラス・ゼミナールの一員であり，サークルの一員であるというように，上位・下位の関係にある諸組織の一員である。そしてまた，これとは別に学外の団体の会員であったり，アルバイト先の一員であったりする。そして，それぞれの組織が皆さんに忠誠心を求め，貢献意欲の獲得競争をしているのである。

図表 3-13　大学の複合組織

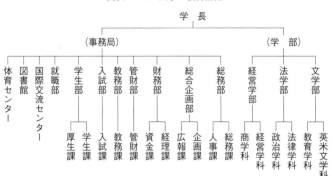

d．非公式組織

　これまで組織と呼んできたものは，正確には**公式組織**のことである。ヒューマン・リレーションズの節で述べたように，組織にはもうひとつの側面として**非公式組織**がある。人間は公式組織の一員として行動し，他人と接触するだけでなく，個人的な欲求や群居本能にもとづき，他人と接触・相互作用をなす。これらはまた組織行為に伴って偶然的・付随的にも行われる。その結果生じるのが非公式組織である。たとえば，この教室には組織人格の上では教員と学生という2種類のメンバーが存在している。だが，授業が行われる（組織行為）ために毎週決まった時間に接触することにより，教員と学生，あるいは学生同士の間に非公式な人間関係が生まれている。非公式組織は，公式組織と違って，明確な構造や下位組織をもたず，好悪の感情や接触の度合いによって，密度の濃淡がある。

e．非公式組織の役割と機能

　あらゆる個人は同時に，公式組織と非公式組織の両方に属している。前者は意識的につくられ，合理的・論理的な計算にもとづいているのに対して，後者は無意識的に発生し，感情や情緒による部分が多い。そして非公式組織は，公式組織に対して，次の3点で重要な役割・結果をもつ。第一に，非公式な人間関係があることにより，一定の態度・理解・習慣・制度の確立に役立つ。第二に，非公式組織は公式組織の成立条件になる。非公式組織が，共通目的・貢献意欲・伝達の形成に大きな役割を果たすからである。第三に，非公式組織は公式組織を安定させる機能をもつ。非公式組織は貢献意欲や伝達機能の権威安定を調整して，公式組織の凝集性を維持するとともに，組織構成員にとっても，自律的な人格保持の感覚をもったり，自尊心・自主的選択力の維持に役立つからである。

　逆に，公式組織の存在がなければ非公式組織の永続はありえな

い。非公式組織の基礎であるメンバー間の接触・相互作用の機会が
減少するからである。この教室内の非公式な人間関係も，学期が終
了し，教室内での接触の機会が減少すると，希薄になるであろう。
学校の同窓会やOB会は，卒業後もある程度の接触の頻度を確保す
5　るためにつくられた公式組織である。

　以上が，組織の一般理論である。こうした組織を維持・存続させ
るためには何が必要だろうか。それを先述の組織の三要素と関連さ
せながら述べていこう。

3　管理の諸機能

10　組織の存続をはかる機能を管理という。そのための専門的な過
程・機関こそが管理者と管理組織にほかならない。組織は，共通目
的・貢献意欲・伝達の三要素によって成立する。したがって，組織
の存続にはこれら三要素の確保が必要である。すなわち，① 組織
目的の達成と，② メンバーの貢献意欲の確保を二大支柱とすると
15　ともに，③ 伝達を権威あるものとしなければならない。

a．組織目的の達成
⑴　専門化の革新

　目的を達成できない組織は崩壊せざるをえない。適切な医療行為
を行うことができない病院，教育サービスを提供できない学校，顧
20　客のニーズにあった商品を提供できない企業は存続できない。組織
目的の達成は専門化によって支えられる。組織が環境の変化に適応
しながら目的を達成するためには，絶えざる専門化，すなわち専門
化の革新が必要である。

　専門化の基本は目的の分析・分割，すなわち一般目的を中間目
25　的・細部目的に分解することである。たとえば，企業の一般目的が
シェア（市場占有率）や事業の拡大であれば，そのための資金調達

や従業員の雇用，顧客が求める商品の開発，生産システムの構築，原材料の購買，商品の製造，販売促進活動などは，一般目的達成のための中間目的であり，細部目的である。専門化は，行為の**時間**（when）・**場所**（where）・**人びと**（who）・**行為の対象**（what）・**方法**（how）の5つを基礎とする。

(2)　専門化と単位組織

　専門化の重要な要素は，初期の段階では個人であるが，発達した複合組織の段階では，単位組織がひとつの専門的な部門となる。たとえば，ゼミやサークルの会計係は1，2名であっても，大規模な企業では，経理課・資金課など，それ自身が複数の人びとによって構成される組織（企業全体＝複合組織から見れば単位組織）となっている。

　単位組織は複合組織のなかにおけるひとつの専門化である。単位組織の目的は，複合組織の一般目的を中間目的に分割し，さらに細部目的・特定目的に細分化したものである。大学には，各学部に加えて，総務部・財務部・管財部・教務部・学生部・就職部・図書館などの単位組織があるが，これらは教育・研究という大学（複合組織）の一般目的を達成するための中間目的（教育サービスの遂行，成績の管理，学生生活の指導・各種サービスなど）を，それぞれの単位組織の目的としているのである（図表3-12参照）。

　したがって，メンバー（教職員）にその目的が理解され，受け入れられていないと，組織は分解する。この場合，一般目的は理解されていなくても，それぞれの中間目的（自分が所属する単位組織の目的）さえ理解していれば，組織は存続する。だが，メンバーが一般目的・中間目的・細部目的とその関連を理解していれば，組織の強化につながることはいうまでもない。

ｂ．メンバーの動機満足

⑴　誘因と貢献

　組織は目的を達成するだけでは存続できない。たとえば，どんなに優れた医療を行っていても，医師への報酬が不十分であったり，看護士の勤務時間が異常に長い場合には，病院運営に必要な要員を確保することは困難であろう。組織のメンバーの動機を満足させ，目的達成のために貢献する意欲を確保しなければ，組織は崩壊するのである。

　組織はメンバーの動機満足と貢献意欲の確保のために誘因を提供する。たとえば，皆さんがアルバイトをして受け取る賃金も，貢献意欲を引き出すための誘因である。この誘因と貢献のバランスを**組織均衡**という。皆さんは貢献（労働量や拘束時間）に対して誘因（バイト代・仕事の面白さ・人間関係）が十分与えられていると感じる限りにおいて満足し，そのバイトを続けるであろう。ある講義が，出席が厳しく，試験やレポートの回数が多くても，講義内容が面白かったり，あるいは卒業のために単位取得が必要な科目であったら——すなわち，誘因が大きければ，皆さんは進んで出席するであろう。逆に，求められている貢献に対して誘因が小さければ，不満をおぼえ，講義という組織から離れていくことになる。皆さんが

図表 3-14　誘因と貢献

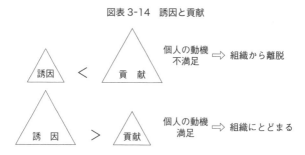

これまで続けてきたサークル活動をやめようとする場合も同様である。

(2) 客観的誘因と主観的誘因

　貢献よりも誘因が大きい場合にメンバーが満足するのなら，組織はメンバーに与える利益を大きくするか（積極的誘因），不利益を減らそうと努めるであろう（消極的誘因）。たとえば賃金の増加は前者であり，労働時間の短縮や良好でない労働条件の改善は後者である。

　たがこの区別よりももっと重要なのは，誘因の客観的側面と主観的側面である。賃金や労働条件は，積極的なものであれ，消極的なものであれ，いずれも物的なものであり，客観的なものである。これを客観的誘因という。そして，客観的誘因を提供できない場合，あるいはそれが限られている場合，組織はメンバーの心理に働きかけ，心的な状態や態度・動機を変えて，利用可能な客観的誘因を効果的にする。理想の実現や社会的に意義ある仕事による満足感，職場における良好な人間関係などは，そうした意味での主観的誘因である。

(3) 誘因の経済

　客観的誘因と主観的誘因はさまざまに組み合わされてメンバーに提供されるが，企業のように客観的誘因をより重視する組織もあれば，宗教団体や軍隊のように，主観的誘因に重点をおく組織もある。いずれにしてもメンバーの貢献により組織目的を達成し，そのことにより誘因の原資となる物的・非物的な諸価値を再生産しない限り，組織は維持できない。より正確には，組織のつくり出す諸価値が，組織からメンバーに提供される誘因の価値よりも大きくなければならない。すなわち，組織はつくり出した価値のすべてを誘因としてメンバーに分配するのではなく，将来にわたって活動を続けるための費用として蓄積しておかねばならない。これを誘因の経済

という。

　誘因の経済の規定要因は，① 組織を取りまく環境の困難さ，② 組織目的の達成度，③ メンバーの動機満足度，④ 誘因の支出量の4つである。誘因の経済の内容は，その組織の目的が何か，物的なものか非物的なものであるかにより大きく異なる。

ｃ．伝達の権威化
⑴　権威の源泉をめぐる３つの説

　上位者から下位者への伝達ができなかったら，組織は成り立たない。たとえば，戦場で命令（相手の行動を左右する伝達）に対する服従がなされなかったら，軍隊は存続できない。命令に対する服従を成立させるのが権威（オーソリティ）である。権威は，公式組織の要素としての伝達にとって基本的な側面である。

　それでは，なぜ，下位者は命令に対して服従するのだろうか。これを**権威の源泉**の問題という。それに対する答えは３つある。

①**上位権限説**…権威は上位者がもち，彼（たとえば部長）の権限はさらに上位者（社長）から委譲されたものである。

（法定説）…上位権限説の一種。上位者の権限は法によって定められたものである。たとえば，権威の源泉を上に向かって，部長→社長→取締役会→株主総会と昇っていくと，商法の規定に達し，究極的には私有財産制度に帰する。

②**職能説**………権限は職務そのものの遂行に不可欠のものとして職務に由来する。社長の職務を遂行するには，それにみあった権限が必要である。

③**受容説**………権威は法や職務によってではなく，伝達を受ける下位者が受容するかどうかによって成立する。

　　　　　　　　　　命令は下位者によって受け入れられればその人
　　　　　　　　　　の行動を左右するものとして成り立つが，受容
　　　　　　　　　　されない命令は単なる伝達に終わる。

　以上のうち，バーナードが主張するのは受容説である。①②と
は，逆の論理である。受容説では，権威は2つの側面をもつことに　5
なる。ひとつは，個人が伝達を権威あるものとして受容する主観
的・人格的な側面であり，もうひとつは，受容される伝達そのもの
の性格，すなわち客観的な側面である。

⑵　受容の4条件〜無関心圏（伝達の主観的側面）

　組織のメンバーはいかなる命令を受け入れ，どのような命令は拒　10
否するか。命令の受容には次の4条件が必要である。

① **伝達の内容が理解できること。**
　　　わからない外国語や，読めない字で命令されても従えない。
　　　さまざまな解釈が可能な，あいまいな命令も実行できない。

② **伝達の内容が組織目的に反しないこと。**　　　　　　　　　　15
　　　病院内で患者の病状を悪化させる命令は受容されない。

③ **伝達の内容が個人の動機満足を損なわないこと。**
　　　受容者にとって不利益となる命令，誘因と貢献のバランスが
　　　マイナスになる命令は履行されない。

④ **伝達の内容が実行可能なものであること。**　　　　　　　　　20
　　　泳げない人に泳げといったり，その人の能力以上の仕事を課
　　　しても完遂できない。

　以上の条件を満たす範囲を**無関心圏**といい，このなかに入る命令
は無条件に受容される。そして通常は無関心圏の範囲内にある命令
が発せられることが一般的であり，それゆえ一般には，権威の源泉　25
が上位にあるために命令に服従するかのような錯覚（上位権限説）
が起こるのである。しかも，命令を受け入れた者は，それに伴う責
任を上位者に転嫁できるから，その錯覚は下位者からも支持され

る。命令が意識的に受容されないときには，組織に対する敵対的行為として，何らかの制裁が有形・無形になされることになる。

　なお，無関心圏の範囲は人によってさまざまであり，同一人物においても，ときにより変動する。適切な誘因や制裁を用いて無関心圏を拡げることが，管理の基本的な職能のひとつである。

⑶　伝達の公的性格と伝達体系の原則（伝達の客観的側面）

　伝達は受容されてはじめて命令としての権威を生じるが，伝達そのものは客観的であり，公的なものである。そして**伝達の公的な性格**を確立するためには，伝達を行う時間・場所・服装・儀式・認証などが重視される。伝達は組織情報の源泉，伝達のセンターから発せられ，そこに職位の権威が成立する。その職位にある人間の能力から発する言葉が認められるとき，リーダーシップの権威が生まれる。

　伝達の体系については，次のような原則がある。

　① 伝達体系が明確であること。② 客観的権威は明確な公式的伝達経路を必要とすること（それを図式化したのが組織図）。③ 経路はなるべく直接かつ短いものであること。④ 通常は完全な伝達ラインを使用し，跳びこえないこと。⑤ 伝達センターの役割を果たす担当者の能力が適格であること。⑥ 伝達ラインの中断（在職者の不在・不能）は許されない（規律の混乱・非公式組織の崩壊の原因）。⑦ すべての伝達の認証が必要なこと。

4　管理の本質〜意思決定

a．組織の存続と意思決定

　管理が組織維持機能であることはすでに述べた。その内容をもう一度要約すれば，① 組織目的を定式化しその達成をはかること，② 適切な誘因の提供によりメンバーの動機を満足させて貢献意欲を確保すること，③ 伝達体系を形成して伝達を権威あるものにす

図表3-15　意思決定の二側面

ることであった。これらに共通するものは**意思決定**である。すなわち意思決定こそが**管理の本質**なのである。

　意思決定はつまるところ個人によってなされるが，**個人的意思決定と組織的意思決定**には相違がある。① 個人的な目的は定式化の必要はないが，組織目的は定式化され全員に示されねばならず，　5
② その手段の選択も組織的意思決定においては合理性が求められる。したがって，③ 組織的意思決定は，より論理的であり，意思決定の過程そのものが専門化され客観的なものとなり，他人への委譲も可能になる。そして意思決定そのものは，個人的なものであろうと，組織的なものであろうと，2つの側面をもつ。ひとつは客観　10
的な側面であり，**機会主義**の側面といいうるものである。もうひとつは主観的側面であり，**道徳性**の側面である。

b．機会主義（意思決定の客観的側面）

　意思決定は組織を維持するために行われるが，組織維持とは環境ないし状況に対する適応である。状況の変化に応じて次々に新たな　15
意思決定をしなければ，組織は維持できない。このような環境適応のための意思決定をオポチュニズム＝**機会主義**という。

　環境は，物的・生物的・社会的な三要因の複合体であるが，それは目的達成の観点からみれば，制約的要因と補完的要因の2つに分類できる。**制約的要因**とは，ほかの要因が不変である場合に，その　20
要因を取り除いたり，変化させることにより，目指す目的の達成が可能となる要因である。**補完的要因**は，目的達成につながらない要

因である。たとえば，皆さんが大災害の被災地で医療ボランティア
をしたいと思っているが，現地に行く費用と医療の知識や資格がな
いために果たせないというケースを考えてみよう。この場合，費用
の問題は補完的要因であるが，知識や資格をもたないことは制約的
要因であり，後者（制約的要因）に変化がない限り，前者（補完的
要因）が解決できても目的の達成は望めない。すなわち，制約的要
因こそ，目的達成のために働きかけるべき対象であり，それは**戦略
的要因**ともいわれる。

　戦略的要因の内容によっては，目的の変更もしなければならなく
なる。戦略的要因は，石油問題とか資金の問題とか，それぞれ明確
に把握できることもあるが，何が現在の状況での戦略要因なのかわ
からないことも少なくない。しかも，制約的要因と補完的要因は絶
えず交替する。そのなかで戦略的要因を識別することは非常に重
要であり，そのために環境に関する情報を集めることが必要とな
る。

ｃ．道徳性（意思決定の主観的側面）

　環境の変化に応じて戦略的要因を見定めながら，オポチュニス
ティックに意思決定しなければ，目的の達成はできない。だが，そ
れだけでは組織は維持できない。その意思決定が目的達成にかなっ
ていても，メンバーの共感をよぶものでなければ，貢献意欲は低下
し，伝達は権威を失ない，無関心圏は狭くなる。たとえば，環境破
壊をもたらすことが明白なのに，それを無視して生産の拡大だけを
はかるような決定は支持されないであろう。ここに意思決定の道徳
的な側面がある。

　道徳とは，個人に内在する一般的・安定的な性向であり，その性
向に一致する欲望・衝動は強化され，それに反するものは矯正・抑
止される。それはさまざまな ① **行動準則**の累計であり，体系であ

る。行動準則には「汝の敵を愛せよ」という高い水準のものもあれ
ば，喫煙所以外では煙草は吸わないという低い水準のものもある。
そして，人はそれぞれ，その人なりの道徳，行動準則の体系をもっ
ている。

だが，高い準則をもつことと，その準則を守りきることは別の問
題である。準則を守りきることを**責任**という。責任は ② **責任感**と
③ **責任能力**によってなる。責任は，準則を必ず守ろうとする心（責
任感）がなければ全うすることはできない。しかし，責任感がどれ
ほど強くても，準則を守るだけの能力がなければ，守りきれない。
とりわけ，個人がもっているいくつかの準則の間に対立を生じる場
合には，問題は深刻になる。

たとえば「忠ならんと欲すれば孝ならず，孝ならんと欲すれば忠
ならず」や「義理と人情の板挟み」といったケースである。良き家
庭人であることと責任ある職業人であることが，通常のケースなら
両立できても，困難な状況においては相矛盾することがある。この
とき，人は行動に悩み，感情的に緊張し，挫折感・不安・自信喪失
を起こす。また，ひとつの準則を守って，他の準則を侵すような意
思決定を行い，やはり不快感・不満足をおぼえ，自尊心の喪失を起
こす。だが，十分な責任能力をもっている場合には，対立し合う準
則を同時に満たすような代替的な行動をとり，それはその人の自信
となり，さらなる成長につながる。

d．リーダーシップ

これを組織や管理の問題と関連させて述べてみよう。組織のなか
で管理職位が上がるに従い，環境が複雑になり，守るべき準則も増
え，より高度な責任能力を求められることになる。(1)**困難な状況
においても複雑な準則を守りきる高度な責任能力**こそが信頼と尊敬
を勝ち得る源であり，**リーダーシップ**といわれるものである。責任

能力ある命令は権威をもつ。だが環境と道徳状況が複雑になれば，
それは管理者にとって過重負担となり，道徳上の混乱・対立から，
責任感の喪失や人格の崩壊を招くことがある。

　　さらに管理者は複雑な道徳性を守るだけでなく，(2) **部下をはじ**
5 **めとする他の人びとのための道徳準則の創造**も要求される。道徳準
則の創造は，メンバーのモラールの確保・高揚につながるが，他
面，道徳的な対立を解決するため，新たな道徳的基準を工夫するこ
とが不可欠である。たとえば企業の成長か，自然環境の保全かとい
う準則間の対立があるときに，環境を積極的に守るような技術やシ
10 ステムを開発し，それを有力な経営戦略にするような代替案を探る
ことなどである。この**道徳性の創造こそが，リーダーシップの本質**
である。

　　以上，バーナードにより，組織は共通目的・貢献意欲・伝達の三
要素からなるものであり，管理（組織を維持するための機能）の基
15 本的な職能は，① 組織目的の設定・変更・達成，② 誘因の提供に
よるメンバーの動機満足と貢献意欲の確保，③ 伝達体系のオーソ
リティの維持の３点であると捉えられた。管理の中核は意思決定で
あり，意思決定は環境適応の機会主義と道徳性の二側面をもつが，
道徳性の創造こそがリーダーシップの決定的要因である。

20　　バーナード理論は組織目的の達成だけでなく，これとメンバーの
動機満足を統合する管理論の展開を目指したものであった。それ
は，本章のはじめに述べた組織の機能性と，メンバーの人間性の統
合という，現代管理論の課題を解決する上で，多くの示唆を与える
ものであるといえよう。

●行為の有効性と能率

　バーナード理論は，組織と管理を論じる上での重要な視点，理論を数多く提供しているが，その中の注目すべきひとつが「行為の有効性と能率」である。

　人間の行為は，何らかの動機にもとづいて目的を設定し，その達成を目指そうとするものである。目的は達成されることもあれば，されないこともある。達成されたとき，その行為は「有効」であるといわれる。だが，目的の達成・不達成にかかわらず，人間の行為は何らかの予期せざる結果・求めざる結果を生む。それは些細なこともあるが，目的達成による動機満足を損なうほど重大なときには，その行為は「非能率」であると，バーナードはいう。こうした視点に立てば，人間の行為は「有効かつ能率」「有効かつ非能率」「非有効かつ能率」「非有効かつ非能率」の四類型に分類されることになるであろう。確かに私たちの日常には，「目的が達成できたのに不満足」「目的は達成できたが満足」というケースが少なくない。

　「求めざる結果による満足・不満足」を「能率・非能率」として表現するのは，この言葉の日常的な用法からは違和感があるかも知れない。だが，大量生産・大量消費による豊かさの対価として引き起こされた自然環境問題を論じる際の重要な概念として注目されるのが，バーナードの「有効性と能率」である。従来の理論が，行為の有効性（目的達成の側面）のみをみていたのに対して，バーナードはここでいう「能率」の側面に注目し，初めて概念化したのである。本章第Ⅳ節で取り上げた「随伴的結果論」も，この「有効性と能率」の展開である。

　ただし，ここで「行為の有効性と能率」として論じられているのは個人行為のレベルである。バーナードはさらに，協働体系存続の条件，公式組織の存続の条件としても，「有効性と能率」をあげている。だが，協働体系の有効性，公式組織の有効性は，個人行為と同じく目的の達成であるのに対して，能率は別のものとされている。個人行為の能率は，求めざる結果による動機満足・不満足に関わるものであったが，協働体系および公式組織のレベルでは，メンバーの動機満足であり，そのための協働体系・公式組織の「誘因提供能力」とされている。誘因提供能力ということになれば，それは目的達成に依存することになるし，「求めざる結果」への注目

という視点も失われている。個人レベルの能率と，協働体系・組織レベルの能率の概念は同じ内容なのか，違うのか。それは，何故だろうか。

●コロナが組織を変える～コロナとバーナード理論

2020年はコロナ元年となった。コロナにより，個人の生活も企業・社会のありようも大きく変わりつつある。アフター・コロナではなく，withコロナの個人・企業・社会を考えなければならないのが，私たちの課題である。コロナ感染の拡大に伴い，企業ではテレワークが，大学では遠隔授業が導入・拡大された。伝達は，公式組織成立および存続の三要素のひとつであり，伝達の技術・経路・体系・広さ・密度により，組織の構造は決まる。伝達は，組織理論の中心的位置を占めるといわれる所以である。皆さんの職場で，あるいは大学・学校で，コロナにより，伝達のあり方はどのように変わっただろうか，あるいは変わっていないだろうか。それは，どのようなプラス／マイナスの影響を及ぼしているだろうか。

バーナードはまた，公式組織と非公式組織に注目し，前者が後者の存続の条件であるとともに，後者（非公式組織）があることが前者（公式組織）の成立や安定化に大きな作用を及ぼすと論じている。コロナ禍により，皆さんの会社や職場，大学の非公式組織は，どのように変わったか，変わっていないか。それは会社・職場・大学に，どのような影響を与えただろうか。

それ以外にも，バーナード組織論の視点から，コロナ拡大による個人・組織・社会の変化を論じるなら，どのようなことが指摘できるだろうか。

Ⅲ　近代管理論の展開
―意思決定論，動機づけ理論・リーダーシップ論―

1　意思決定の科学～サイモン意思決定論

　かつて，バーナード＝サイモン理論と連記されることが多かったように，サイモンの理論はバーナード理論の発展といわれていた時期があった。バーナードは，意思決定を管理の中核におき，目的達成のための環境適応に関する機会主義の理論を展開するとともに，リーダーシップにおける決定的な要因として道徳性の重要性を強調した。サイモンは，バーナードが到達した点から出発して，意思決定論を中心とした組織論・管理論を展開した。具体的には，意思決定の過程そのものを分析し，その合理性と限界を解明することによって，管理行動・組織行動が論じられている。人間はそれぞれ独自の欲求をもつ主体である。別個の人格の持ち主である組織構成員に，いかにして同一の方向・同一の目的に向けた意思決定をさせるか。そこに組織影響力の理論が展開される。

a．意思決定の合理性と限界
(1)　意思決定前提：価値前提と事実前提

　サイモンは，意思決定を「それ以上分析することは不可能な基本的単位」ではなくて，「何らかの前提（＝意思決定前提）から結論を導き出す過程」と捉えている。人は何らかの前提なしには，意思決定を行えない。たとえば，旅行の計画を立てるには，利用できる休暇の日数，予算，交通手段の状況，目的地に関する情報などが不可欠の前提である。

Herbert A. Simon (1916～)

図表 3-16　意思決定

この意思決定のための前提は，大きく**価値前提**と**事実前提**に分けられる。価値前提・事実前提という捉え方は，バーナードの意思決定における道徳的側面と機会主義の側面の二者が，単純化・明確化されたものである。価値は善悪・倫理にかかわる主観的な問題であ

5　り，意思決定の不可欠の前提であるが，科学的な研究の対象からは除外される。これに対して，事実前提は真実か誤りか，正しいか間違っているかの検証が可能な客観的なものであり，科学的に分析することができる。ここに意思決定の科学が成立する。

価値前提は主として**目的**にかかわり，事実前提は主として**手段**に

10　かかわる。したがって，意思決定を目的設定に関する**政策**のレベルと，それを実現するための手段の選択をめぐる**管理**のレベルに区別すれば，意思決定の科学が対象とするのは，目的をいかに達成するかという後者の問題である。ただし，最終目的が主として価値にかかわるとしても，最終目的達成のための手段はそれ自体が目的とな

15　り，その目的達成のための手段が生まれ，そしてまたその手段が目的とされる…というように，**目的と手段の連鎖**が形成される。また，企業目的はいくつもの手段に分割して遂行され，それぞれの手段的目的が目標としてかかげられることになる。目的と手段の連鎖は，個人にとっても組織行動にとっても同様に特徴的な事実だが，

20　この連鎖は完全に連結されたものであるより，不完全であることが多い。

⑵　代替的行為

　意思決定のプロセスとしては，（価値前提に導かれた）目的の設定に続いて，いくつかの代替案が事実前提にもとづいてつくられ，それぞれが評価・検討され，そのなかからひとつの案が目的達成の手段として選択される。ここで重要なのは，意思決定のプロセスが　5
合理的でありながら，その合理性には限界があること（**限界合理性**）をサイモンははっきりと指摘していることである。すなわち，① 事実前提の認識が完全には行えないこと，② 代替案の作成にも限界があること，③ 代替案の評価・検討も不完全にしか行えないことがその理由である。したがって，意思決定の合理性を追求する　10
場合には，その限界を意識しながら，可能な限り完全・最大限に近いところで満足できるように決定するということになる。

b．組織影響力の理論

　以上のような意思決定論を軸に，組織論はどのように展開されるだろうか。ここで注目されるのが，いかにすれば多数の組織メン　15
バーに，組織目的達成のための統一的な意思決定と行動をとらせることが可能となるかを論じた**組織影響力**の理論である。

　サイモンによれば，組織とは意思決定の機構であり，個人の意思決定に影響を与えることにより，その行為は組織化される。組織により，意思決定の合理性の限界も克服される。組織が諸個人に対し　20
て与える影響力は，外部的なものと内部的なものに分けられる。

　外部影響力としては，① **オーソリティ**，② **コミュニケーション**，③ **訓練**の三者があげられる。オーソリティは，組織メンバーの行動を左右する意思決定を行う権力であり，それは制裁を伴ってはじめて実効性をもつ。コミュニケーションは，価値前提・事実前提を　25
フォーマル，インフォーマルに伝達する手段である。価値前提・事実前提のあり方により，当然，メンバーの意思決定は異なってく

る。また，多数の新しいメンバーに，未知の複雑で不慣れな業務を
短期間で教え込むには，フォーマルな訓練が有効である。

　意思決定への**内部影響力**としては，① **能率の基準**および ② **組織
一体化と忠誠心**がある。「最小の犠牲で最大の効果を」という能率
5　の基準を共有することは，メンバーに合目的的・統一的な意思決定
を行わせる決定的な要因である。また，メンバーは組織の目的や価
値を自己の心理や態度として内在化することから，組織への愛着や
忠誠心をもつことによって，外部から強制されなくても，自発的に
組織目的に合った意思決定をするようになる。

10　以上のようなサイモン理論は，さらにマーチとサイモンの共著
『オーガニゼーションズ』において，より豊かな肉づけがなされて
いる。

ｃ．サイモン理論の意義

　サイモンは，これ以上分析が不可能と思われていた意思決定を，
15　前提から結論を引き出す過程に分解することにより，意思決定のメ
カニズムを明らかにし，その合理性と限界を確かめて，意思決定の
科学の基礎を確立した。さらには諸個人の集団的行為が組織によっ
て，いかに統一的な意思決定と行動を可能にするか，という問題を
提起することにより，組織論に新しい局面を切り開き，意思決定論
20　的組織論ないし管理論をうちたてた。サイモンにより，組織の目的
合理性ないし機能性は飛躍的に追求されたといってよい。

　だが，バーナードが組織存続の条件として，組織目的の達成と諸
個人の動機満足の双方をあげたのに対して，サイモンは前者の合理
性のみを追求した。バーナードが管理の本質としての意思決定の機
25　会主義と道徳性のうち後者を重視していたのに対し（リーダーシッ
プの本質は道徳性の創造にある），サイモンは価値前提・事実前提
という２つの意思決定前提のうち，価値前提を除外して意思決定の

科学をうち立てた。そのことにより，組織目的達成の合理性に問題
を限定し，その側面での展開を目指していったのである。その意味
でサイモン理論はバーナード理論の一面的発展であり，価値的・道
徳的側面と，事実的・機能的側面との矛盾・対抗の問題は省みられ
ないまま残されているといえる。

5

●目立たないコントロール〜マーチ＝サイモン理論
　　意思決定の観点から組織と管理を論じるサイモンの視点は，マーチとの
共著『オーガニゼーションズ』において，さらに豊かに展開されている。
個人の意思決定能力に不完全性をもたらす2大要因は，① 動機的制約と
② 認知的制約である。こうした制約のもとで，意思決定の合理性を高め
ようとする時，問題となるのは意思決定を左右する前提（意思決定前提）
であって，意思決定のプロセスそのものではない。すなわち，組織は意思
決定の前提をコントロールすることによって，個人を統制するのである。
　　組織が意思決定前提をコントロールする方法は，2つある。**命令や規則
によるコントロール**と，情報の内容と流れを規定することによるコント
ロールである。後者を**目立たないコントロール**という。それは，具体的に
は，不確実性の吸収，組織用語，仕事のプログラム化，原材料の標準化，
手続きのプログラム化，コミュニケーション・チャンネルの使用頻度，コ
ミュニケーション構造，人員選抜基準等によってなされる。組織における
個人行為の大部分が目立たないコントロールによって統制されているので
あって，命令や規則によって左右される部分は全体の2割にすぎないとい
うのが，マーチ＝サイモンの主張のひとつである。

10

15

20

2　動機づけ理論・リーダーシップ論

　　目的達成中心，目的合理性追求の理論は，組織の官僚制化を進め
る理論となる（ここでいう官僚制化とは組織の硬直化・肥大化とい
う意味ではなく，本章第1節のコラム（62頁）で述べたような，
近代の機能的な組織一般の特徴をそなえた合目的的な組織の拡大・

25

深化をさす）。官僚制において機能性が追求されればされるほど，諸個人への抑圧が強まることはすでに述べた。ここに，組織メンバーの人間性をいかに扱うかの方向性がいやおうなしに求められ，動機づけ理論やリーダーシップ論，あるいは官僚制克服の諸理論が登場することになる。

a．マクレガー：Ｘ理論・Ｙ理論

　マクレガーは従来の管理のあり方と新たな管理の方向性を比較し，それぞれＸ理論・Ｙ理論として定式化している。従来の管理は専制主義的であり，腕力や地位にもとづいて，権限で人を命令・統制するものである。こうした伝統的な管理の基礎にあるものを理論化したのがＸ理論であり，それは，① 人間は生来仕事嫌い，② 強制・命令がなければ十分な仕事をしない（褒美もさほど刺激にはならず，懲罰が効果的），③ 命令されるのが好きであり，責任は回避し，野心よりも安定を望む，という人間観・管理観に立っている。

　これに対して，マクレガーは従業員個々の目標と企業目標の統合を指向する管理論を提示し，これをＹ理論となづけた。それは次のようなものである。① 仕事は人間の本能であり，条件次第では満足の源となる。② 人間は自分が定めた目標の達成には進んで努力する。③ 報酬により従業員の貢献意欲は高まり，自我欲求・自己実現欲求が満たされる場合，貢献意欲は最高となる。④ 人間は，条件次第で責任を引き受ける。⑤ 創造性・問題解決能力は一部のエリートだけでなく，たいていの人に備わっている。⑥ 現在の企業では，従業員の知的能力は一部しか活用されていない。

b．マズロー：欲求五段階説

　マクレガーがＹ理論を展開するにあたって採用したのが，マズローの欲求五段階説である。強制ではなく，自発的に仕事をさせよ

うとすれば，人間の欲求ないし動機とその充足の構造を知らなけれ
ばならない。人間の欲求は低次のものから，高次の複雑なものまで
段階的であり，低次の基本的なものが充足されて，初めて高次の欲
求が表面化する。人間はその本能において成長と発展を望んでお
り，すでに充足された欲求をさらに刺激しても効果はない。欲求の　5
各段階は次のようにまとめられる。

　　①　生理的欲求（もっとも低次で基
　　　本的な欲求。飲食・睡眠・性・寒
　　　暑・排泄）
　　②　安全欲求（危険・脅迫・剥奪に　　　　　　　　　　　　　10
　　　対する防御，秩序・不変性）
　　③　社会的欲求（他人との接触・相
　　　互理解）
　　④　自我欲求（承認欲求。自尊心・
　　　自信，他人からの承認・尊敬）　　　　　　　　　　　　　15
　　⑤　自己実現欲求（最高次の欲求。
　　　自己啓発・創造性・崇高な境地）

図表 3-17　欲求五段階説

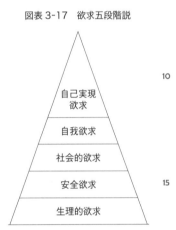

c．ハーズバーグ：動機づけ－衛生理論

　従業員が自発的に働くようにする動機づけ理論は，ハーズバーグ
によって実証を伴った理論の展開がなされた。動機づけ－衛生理論　20
がそれである。ハーズバーグは従業員を職務満足に導く要因を動機
づけ要因，不満足に導く要因を衛生理論と捉え，両者がまったく別
個のものであることを実証的に明らかにした。

　仕事の達成や，仕事そのもの，仕事を通じた社会的承認，仕事へ
の責任などが動機づけ要因であり，会社の政策・方針，上司・同　25
僚・部下との関係，給与・労働条件などが衛生要因となる。従来の
管理は衛生要因のみを扱っていたが，これを除去しても従業員の満

足にはつながらない。満足要因が人間の成長・自己実現欲求を満たして，仕事に動機づける。すなわち，動機づけ要因と衛生要因による二元的な管理が必要とされるのである。従業員の動機づけには，**職務充実**が効果的である。

Ⅳ　現代管理論の展開

1　コンティンジェンシー理論

バーナードが論じた意思決定の道徳性と機会主義の側面のうち，後者はサイモンによって発展させられたが，それはやがて**コンティンジェンシー理論**として具体化した。意思決定の機会主義の問題とは，組織が環境の中で自らの存続をはかるための意思決定，すなわち組織維持を目的とした環境適応のための意思決定の問題である。こうした問題関心がコンティンジェンシー理論として展開されるのは，1970年代以降である。

コンティンジェンシー理論は，条件適応理論・状況適合理論・環境適応理論などと訳されているように，管理にはワン・ベスト・ウェイはなく，組織をとりまく環境や，状況・条件によってなされるべきという基本線に立つものである。コンティンジェンシー理論は環境の分析，**環境と組織の分析**をめざましく発展させ，そこから**組織文化論・組織風土論**なども生まれてきた。

さらにコンティンジェンシー理論の発展の一環として，組織におけるカオス（無秩序），あいまいさを発見し，その状況に立脚した意思決定モデルとしての**ゴミ箱モデル**も提唱された。合理性を追求しながらも，なお組織に存在しているあいまい性・非明晰性の何たるかを解明することにより，組織の環境適応はいっそう**精緻**に分析されることになる。

2 ポスト・コンティンジェンシー理論

　コンティンジェンシー理論が盛行するなかで，これを克服しようという**ポスト・コンティンジェンシー理論**の主張も生まれてきた。組織は条件・状況・環境に適応するだけでなく，組織それ自体として環境に対して積極的・創造的に自己を作り出すべきだというのである。ここに**自己組織性論**が生まれ，組織の自律性・自己変革性が論じられることになった。また，あいまいさをもつ現実の組織における意思決定の合理性・機能性を，ゴミ箱モデル以上に追求しようとして**組織認識論**が登場した。環境適応といっても，組織メンバーの１人ひとりが環境をどう認識し，そこからいかなる問題を見い出し，いかに対応するかが違っていたら，組織の機能性は達成できない。環境適応のためには，多数の組織メンバーが統一的な共通認識をもたねばならない。ここに，組織目的達成に向けていかに環境を捉えるか，目的達成のためにつくられたコンセプトやパラダイムを具体的にどのようにデザインし，組織メンバー共通のものとするかの組織認識論，知識創造論が論じられるにいたるのである。

　なお，コンティンジェンシー理論，ポスト・コンティンジェンシー理論ともに組織の環境適応を分析の中心としているが，ここでいう環境には，現在，環境問題として論じられている**自然環境**は含まれていない。ここでは組織の目的設定と目的達成にかかわる**課業環境**として，顧客・株主・労働市場・取引先・政府・地域社会などが主として論じられてきたにすぎない。こうした課業環境を分析することにより，合理的な意思決定や合目的的な組織の形成が追求されているのである。

●知識創造論

　企業活動の実践を組織的知識創造過程と捉え，組織的な知識創造の技
能・習熟の分析を研究対象とするのが，**知識創造論**である。企業が競争の
激化と環境変化の中で，他社に対する競争優位性を獲得し，成長するため
には，顧客や市場の動向など経営環境に関する情報を迅速かつ的確に収集
し，分析する知的能力が重要となる。知識の効果的・効率的な活用が，環
境変化に適応する意思決定や製品開発力には不可欠なのであり，知識の組
織的・体系的な創造・活用により，経営革新も可能となる。

　現代企業の中核的経営資源としての知識は，いかにして創造され，マネ
ジメントされるであろうか。知識は，暗黙知と形式知に分類される。**形式
知**は言葉を通じて表現できる客観的な知識であり，他者への伝達や共有が
容易である。他方，**暗黙知**は言葉では表現できない主観的な知識である
が，創造性と大きくかかわるものである。人間の創造的活動においては，
この暗黙知と形式知が相互作用・相互変換することにより，知識が創造・
拡大される。

　知識変換は，① 共同化（個人の暗黙知をグループの暗黙知として共有），
② 表出化（暗黙知を概念化することによる形式知の創造），③ 連結化（個
別の形式知を結合することによる形式知の体系化），④ 内面化（形式知を
体験化することによる暗黙知の内面化・新たな暗黙知の創造），の４つの
プロセスを通じて行われる。この過程で，新たな知識が創造されるのであ
る。こうして創造された知識が，企業においては，新たな製品コンセプト
や事業コンセプトに結実していく。知識の創造と効果的活用のためには，
ナレッジ・マネジメントが必要とされる。

3　随伴的結果～管理の革命

　人間は何らかの動機にもとづいて特定の目的を選択し，その達成
のために意思的な行動をする。行為の結果，その目的は達成される
こともあるし，されないこともある。このように，特定の目的が達
成されたかどうかにかかわる結果を，目的的結果とよぼう。だが，
人間の行為は，目的的結果と同時に，当初は意図しなかった結果，

図表 3-18 目的的結果と随伴的結果

求めなかった結果を必然的に生み出す。これを**随伴的結果**とよぼ
う。たとえば，冬山に狩りに行き，目指す獲物を射止めたが，鉄砲
の音で雪崩を起こし，遭難したという場合，獲物を得たかどうかは
目的的結果であるが，雪崩による遭難は随伴的結果である。大量生
産・大量流通システムの発達が現代社会に物的な豊かさと同時に，　5
深刻な自然環境の破壊をもたらしたことも，随伴的結果である。目
的的結果・随伴的結果は，いずれも新しい用語であるが，組織と管
理を考える上で不可欠のキーワードである。

　随伴的結果は，① ささいなものか，重要なものか，② 好ましい
ものか，不満足なものか，③ 予期できるものか，できないものか，　10
に分類される。

　以上のうち，ささいなものなら無視してかまわないし，好ましい
随伴的結果なら歓迎もされる。だが，上の遭難や環境破壊はきわめ
て重大かつ好ましからざる随伴的結果であり，無視してすまされる
ものではない。そして，随伴的結果は行為の当事者だけでなく，第　15
三者にも作用・影響を及ぼすものである。

　行為の規模が拡がり，目的的結果が大きくなるほど，随伴的結果
も拡大する。その意味で，企業や政府・各種団体など，組織行為が
生み出す随伴的結果は，個人行為のそれに比べてきわめて大きい。
個人的行為が基本的に一回生起的なものであり，個人の欲求・欲望　20
の範囲内にとどまるのに対して，組織行為の場合，連続的・継続的
であり，際限がなく，またさまざまな技術（ソフトとハード）に支

えられているからである。

　だが，個人行為が負の随伴的結果によって中止されるのに対して，組織にとっての随伴的結果は，(1)組織の維持・存続にプラスかマイナスかという観点で捉えられるにすぎない。たとえば企業が廃棄物の処理や投棄でどれほど大きな被害を周囲にもたらしても，それが何らかのかたちで抗議や損害賠償を訴えられたり，活動の中止を求められたり，製品不買運動が起こされるなど，当該企業の存立にマイナスの影響を及ぼしていると捉えられない限り，ささいなものとして無視される。しかも，(2)目的的結果がつねに前もって計画され，また計画どおりに目的が達成されたかを，正確に把握・測定されるものであるのに対して，随伴的結果は正確に把握されることはないし，またできない。その上，目的的結果が限定的であるのに対して，(3)随伴的結果は無限定的にどこまでも波及的に引き起こされる。現代社会が直面する地球規模の環境破壊はその典型である。

　従来の組織論・管理論は，組織目的達成の合理性を目的的結果の側面からは論じてきたが，随伴的結果については取り上げられることが少なかった（**単眼的管理**）。目的的結果と随伴的結果の両方をみすえた**複眼的管理**を行うことが，一方において組織の機能性，目的達成の合理性を高めながら，他方で，管理に伴う個人の疎外・抑圧や深刻な環境破壊を解決するために何よりも必要とされよう。

【学習ガイド】

1．組織が，目的の合理的達成を目指すところでは官僚制が成立する。皆さんのまわりの組織（学校やアルバイト先）は，どの程度，官僚制組織の特徴をもっているか，あるいはもっていないか観察してみよう。

2．管理を合理化し，組織の機能性を高めることにより，組織メン

バーの疎外・抑圧が生まれるとはどういうことだろうか。これを解決するためにはどうすればよいだろうか。

3．皆さんのまわりの組織に，①共通目的，②貢献意欲，③伝達（公式組織の三要素）が存在しているかどうか観察してみよう。それらの組織はうまく運営されているだろうか。もしそうでないとすれば，三要素のどれかに問題があるかも知れない。検討してみよう。

4．組織が抱える重要な問題のひとつに「目的と手段の転倒」がある。組織は本来，個人に奉仕することを目的として成立する。しかし，ひとたび組織が確立すれば，組織の維持・拡大そのものが自己目的となり，人間はそのための手段とされるというのである。企業・学校・病院，あるいは皆さんが所属しているサークルやグループに，こうした問題が生じていないかどうか考えてみよう。

5．皆さんの個人的な行動において，随伴的結果がどのようにあらわれているだろうか。組織レベルではどうだろうか。さらに現代企業の目的的結果と随伴的結果を具体的に考えてみよう。

6．コラム「行為の有効性と能率」（96頁）では，個人行為の四類型として「有効かつ能率」「有効かつ非能率」「非有効かつ能率」「非有効かつ非能率」をあげた。それぞれ，具体例をあげてみよう。企業などの組織での例も，考えてみよう。

7．コラム「コロナが組織を変える」（97頁）では，バーナード理論の視点から，コロナによる組織・管理の変化をどう考えるか問題提起した。コラム中の設問に答えてみよう。

〈参考文献〉
▶入門書
小倉昌男『小倉昌男経営学』日経BP社，1999年
小倉昌男『福祉を変える経営―日給1万円からの脱却』日経BP社，2003年

沼上幹『組織戦略の考え方』ちくま新書，2003 年

三戸公『現代の学としての経営学』文眞堂選書，1997 年

三戸浩・池内秀己・勝部伸夫『企業論〈第 4 版〉』有斐閣アルマ，2018 年

▶学術書

経営学史学会監修『経営学史叢書』文眞堂，2011〜2013 年

　『第Ⅰ巻テイラー』

　『第Ⅱ巻ファヨール』

　『第Ⅲ巻メイヨー＝レスリスバーガー』

　『第Ⅳ巻フォレット』

　『第Ⅵ巻バーナード』

　『第Ⅶ巻サイモン』

　『第Ⅹ巻ドラッカー』

野中郁次郎『知識創造の経営』日本経済新聞社，1990 年

三戸公『ドラッカー―その思想』文眞堂，2011 年

C. I. バーナード『経営者の役割』(山本・田杉・飯野訳) ダイヤモンド社，1968 年

H. A. サイモン『経営行動―経営組織における意思決定過程の研究（新版）』(二村・桑田他訳) ダイヤモンド社，2009 年

M. ウェーバー『官僚制』(阿閉・脇訳) 恒星社厚生閣，1987 年

D. A. レン『現代経営管理思想―その進化の系譜』マグロウヒル，1982 年

第4章

日本的経営

この章のポイント

① 日本企業は，欧米企業と共通の合理的・機能的組織とともに，独自の性格と経営方式＝日本的経営の側面をもつ。

② 日本的経営はわが国の経済成長の原動力として世界的な注目を集めたが，バブル崩壊後は疑問視されるようになった。

③ 日本企業は従業員が会社と盛衰をともにする運命共同体の性格をもっており，会社そのものの維持繁栄を第一目標として，他社との熾烈なシェア争いを繰り広げている。

④ 日本型人事システムは，「日本的経営＝終身雇用・年功制」という一般的なイメージとは裏腹に，欧米以上の能力主義的な原則に貫かれている。

⑤ 日本型人事システムの独自の優秀性に加えて，欧米とは正反対の構造をもつ日本型株式会社制度と，独自の企業結合様式（企業集団・企業系列）が日本企業の強さの一因となっていた。

⑥ バブル経済の崩壊以降，日本的経営の改革・変容が論じられている。だが，目標を企業の維持・存続におき，その観点からあらゆるシステムを構築・再構築するのが日本的経営と捉えるなら，その点において，日本的経営が変化したかどうかは議論を

要する。

わが国の経営の特質

日本の経営は，1970年代のはじめ頃から，日本経済の驚異的な発展の原動力として，世界の注目を浴び始めた。そして先進欧米の経営とは異なったものとして，日本的経営あるいは日本型経営とよばれ，称賛の的となったり，非難の対象として論議され，研究され，その動向に関心がもたれた。

日本の経営は特殊なものではなく，欧米と特別な違いがあるわけではないと論じる者もいる。だが「終身雇用・年功制・企業別労働組合」の三本柱が，欧米にはみられない日本的経営の特質であり，三種の神器であると把握するのが，かつては一般的な日本的経営論として常識化されていた。

果たして，終身雇用・年功制・企業別労働組合は，日本的経営の特質であろうか。日本的経営の構造，そしてその構造から生まれる機能はどのようなものであろうか。

本章は，日本の人事システムと企業様式（株式会社制度，企業集団・企業系列）を論じることにより，「日本的経営＝終身雇用・年功制」という常識的な見方では捉えることの出来ない日本的経営の全貌を明らかにしたい。

かつて優秀な経営システムとして評価されていた日本的経営は，バブル経済の崩壊以降，その限界が論じられ，改革の必要性が叫ばれている。現代の日本的経営をいかに捉えるべきか，それは今後，どのような方向に進んでいくのかについての視点を与えるのも，本章の目的のひとつである。

Ⅰ　日本型人事システム

　1980 年代，わが国は経済大国期を迎え，日本的経営は世界でも優秀な経営であるといわれていた。なぜか。まず人事システムの優秀性があげられる。それは次の 4 点に要約される。

　第一に，若年優良労働力の吸収・定着である。第二に，吸収された若年労働力の教育・訓練である。これは入社前から，退職時まで続く。第三に，教育・訓練した労働力の徹底的な有効利用である。第四に，不要労働力の排除である。

　もちろん，採用・教育訓練・有効利用・解雇の 4 つは人事システムの基本であり，近代的経営はどこの国であろうと，これらを合理的に行うシステムを目指して成立・発展してきた。その典型がアメリカの経営技術であり，それはわが国をはじめとする多くの国々によって学ばれ，導入・摂取されてきた。だが，日本の人事システムはこれら 4 点について，独自の内容を備えている。そして，日本型人事システムの性格は，欧米の契約型に対して，所属型ということができる。

図表 4-1　日本型人事システム

① 若年優良労働力の吸収・定着
② 教育・訓練
③ 有効利用
④ 不要労働力の排除

1　若年優良労働力の吸収・定着
～新規学卒一括採用と企業規模別賃金

a．新規学卒一括採用～日本型人事システムの基礎

　近代組織はいずれも官僚制的な組織構造をなしている。すなわ
ち，企業であれ，軍隊であれ，行政体であれ，学校や病院であれ，
組織目的を合理的に達成しようとするならば，そこには分業体系が
成立し，① 専門化され，② 階層化され，これを③ 規則中心で運営
するビューロクラシー＝官僚制的な職務体系が成立してくる（第3
章第1節コラム参照）。その点では，欧米も日本も異なるところは
ない。だが，その構成員をどのような形で採用するかにより，組織
構造は同じであっても，内容はまったく違ったものとなる。

　欧米では，必要な人材をそのつど採用という形で雇用する。すな
わち，職務体系のうち，どこかに欠員が生じた場合に，その組織の
外部または内部からそのつど採用し，充当する。その際には，特定
の職務を遂行する能力を保有した適格者の選抜が目指される。採用
希望者は，学校を卒業した後，半年から1年のうちに，自らの能力
にふさわしい職務を探すことになる。

　これに対して，日本の場合は，毎年4月に大量の新卒者を一括し
て採用する。彼らは，通常その年の3月に学校を卒業する者であ
り，前年度中に選抜され，内定が出され，卒業と同時に採用される
のである。いわゆる**新規学卒一括採用**である。日本では新卒採用者
と中途採用者ははっきり区別される。新規学卒一括採用がない欧米
企業では，中途採用という考え方そのものがない。不況時には，新
卒者の採用枠が狭められることがあり，職種によっては専門的な知
識・技術の必要性から中途採用（そのつど採用）で対応せざるをえ
ない場合もあるが，中核的な社員の新規学卒一括採用を原則とする
のが日本的経営であり，その傾向は大企業ほど著しい。

図表 4-2　「高度な専門知識」重視割合と新規学卒重視割合（製造業）（1990 年代）

（単位：％）

事業部門	30〜999 人規模		1,000 人以上規模	
	「高度な専門知識」重視割合	新規学卒重視割合	「高度な専門知識」重視割合	新規学卒重視割合
直接生産	45.4	57.3	33.3	77.8
生産補助・修理	34.3	35.0	40.0	65.3
事務・管理	30.0	54.9	49.5	80.7
情報処理	58.0	65.1	76.5	84.5
販売・営業	28.0	53.5	33.6	88.3
研究・技術開発	69.7	66.3	88.8	94.7
国際事業	24.6	56.5	32.1	74.8
運輸・通信	9.0	18.2	20.3	41.1
対人サービス	22.8	28.4	25.7	54.5
その他	7.6	11.6	9.3	23.0

（出所）『労働白書』平成 6 年版。

b．所属と契約〜メンバーシップ型とジョブ型

　欧米のそのつど採用は，雇用される者にとっては「就職」である。企業と従業員の間には，一定の条件のもとに特定の職務を遂行し，その見返りとして賃金を得る契約関係が成立する。従業員は契約が終了すれば，これを更新することもあるし，より良い条件を求めて他社に移ることもある。

　日本企業も資本主義企業である限りは，賃金の支払いと受け取りの契約関係が存在する。しかし，それ以上に企業と従業員の間には所属関係・帰属関係が成立している。新入社員は，欧米にはない入社式により会社に迎え入れられ，社長の祝辞・訓辞を受け，翌日から新入社員教育を受け，各部署に配属される。就職活動という言葉が一般化しているにもかかわらず，日本では就職はむしろ「入社」である。採用された者は一生をそこで過ごし，会社と盛衰をともにする運命共同体の一員としての意識をもつのである。入社時に，契

図表 4-3　欧米型経営と日本的経営の対比（人事システムを中心に）

	欧米型（本来的）	日本的経営
1. 関　係	契約型（ジョブ型）	所属型（メンバーシップ型）
2. 就職と退職	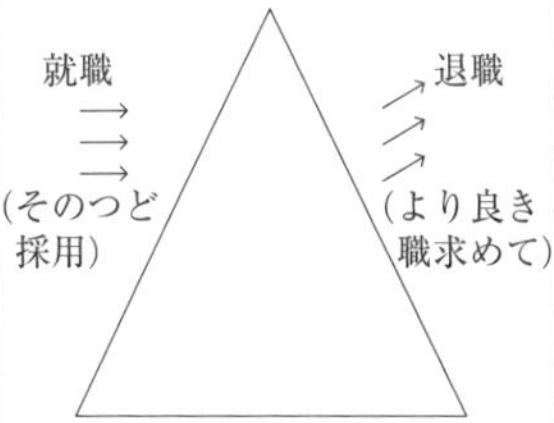	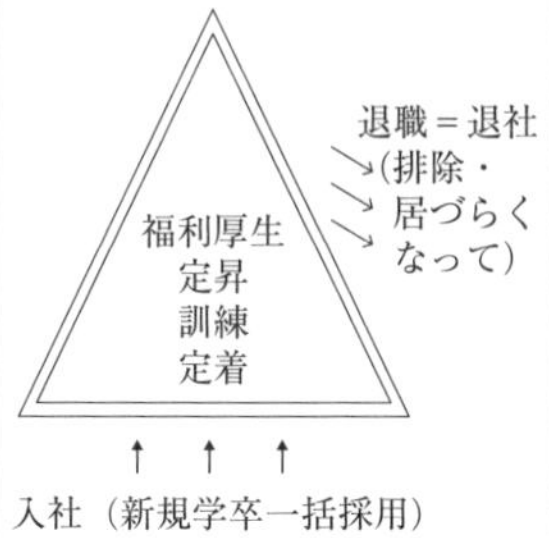
3. 差別的雇用	な　し	（そのつど）採用 → パート・バイト → （そのつど）排除 → 派遣・契約 →
4. 賃　金	労働の対価形式 （同一労働・同一賃金） 企業横断賃率（産業別・職種別）	賃金体系 （基本給＋諸手当） 企業規模別賃金
5. 労働組合	企業外 （企業から独立。労使対等・労使対立） 産業別・職種別労働組合（企業横断的）	企業内 （企業に従属・労使協調） 企業別労働組合
6. 職務と労働時間	職務限定 法定労働時間	無限定職務 無制限労働時間

約書をかわすとともに，連帯保証人連署の誓約書を差し出すのは，日本の会社が所属型の経営体だからである。欧米では，契約違反ないし契約外の仕事とみなされる「**残業と手伝い**」が，職場ぐるみで他社との競争に打ち勝つことを目指す日本の会社では当たり前のこととされるのも，所属型のゆえである。日本と欧米の所属型・契約型の対比は，近年ではメンバーシップ型・ジョブ型ともよばれている。

　日本の企業に所属型の性格を与えている二大要因は，新規学卒一括採用と企業規模別賃金であり，後者の背後には企業別労働組合がある。

ｃ．企業規模別賃金〜日本型賃金の本質

　欧米において，賃金は労働の対価であり，同じ質量の労働には同じ額の賃金が支払われる同一労働・同一賃金の原則が成立している。フランスやイタリアでは同じ仕事をする限り，どの会社でも同じ賃金となる職種別・産業別の企業横断賃率が公定され，アメリカでは企業と労働組合の間に賃金協定が結ばれている。

　これに対して，日本では基本給プラス諸手当の賃金体系が成立しており，同一労働・同一賃金とはなっていない。基本給は従業員の学歴・勤続年数にもとづいており，諸手当は役職手当・超勤手当など職務遂行に関係ある部分と，家族構成や住居・通勤などの形態により異なり，職務とは無関係の部分によってなる。しかも基本給の額も諸手当の内容も，その会社の支払い能力によって格差がある。すなわち，会社の繁栄度に応じた企業規模別賃金が支払われているのである。その格差は給与のみならず，ボーナス・退職金・社会的地位の一切に及ぶ。日本企業では，従業員の保全・伸長や生活諸条件の向上，相互の宥和親睦，さらには会社忠誠心向上のために，さまざまな福利厚生の諸施設・諸施策が手厚く行われるが，その内容にも会社の繁栄度により格差が認められる。

　日本の賃金の特徴としては，一般的には年功賃金（勤続年数と学歴に応じて昇給）ということがいわれ，確かにそのような性格があるのも事実だが，それよりもここでいう企業規模別賃金としての側面の方が重要であろう。会社の繁栄度に応じた給与・賞与・退職金・福利厚生・社会的威信の格差があるからこそ，日本では，有利な労働条件を提供できる大企業ほど優良労働力の吸収が可能となる

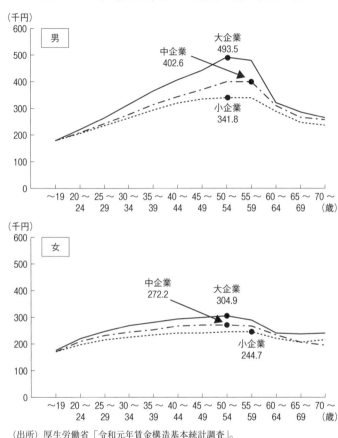

図表 4-4　企業規模別賃金, 性別・年齢階級別賃金 (令和元年)

（出所）厚生労働省「令和元年賃金構造基本統計調査」。

とともに, 従業員もひとたび入社した会社に対して, 所属意識・帰
属意識を強めることとなる（他社から転職してきた中途採用者は昇
進・昇給において不利な処遇を受ける。131・132頁参照）。以下に
述べるような, 労働力の教育・訓練, 有効利用, 不要労働力の排除
5　の日本型人事システムが形成されているのは, 企業規模別賃金のも
とで新規学卒一括採用が行われているからである。

2　優良労働力の陶冶

ａ．企業内教育・訓練と OJT～人材の育成こそが戦略

　そのつど採用の欧米では，その職務にふさわしい能力をもった適格者が選ばれるわけであるから，あらかじめ企業外の教育・訓練がなされているのが前提である。それに対して，新規学卒一括採用の日本では企業内教育・訓練が計画的に実施される。新卒者の採用に際しては，一般に学歴を目安とした潜在的能力が問われ，特定の職務遂行能力の有無は必ずしも求められていないからである。

　新入社員は，その会社・職場で仕事をする上で必要な知識・技術・手続きを，上司・先輩により具体的に教えられ，身につける。職場においてなされる特定職務の遂行能力の実地教育・訓練を OJT という。OJT により職務に習熟し，一定期間が経過すると，社員は異種の職務または上級の職務に配置転換され，そこでまた OJT を受け，職務遂行能力を高めていく。OJT は TQC（総合的品質管理）や LRP（長期経営計画）とともに，日本的経営の新三種

図表 4-5　入社 1 年未満者に対する企業内教育訓練実施比率（1990 年代）

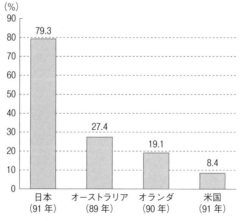

（出所）『通商白書』平成 6 年版。

の神器ともいわれた。こうした人材の育成こそが企業にとっては重要な戦略のひとつであり，日本的経営の強みであるといわれる。

b．教育・訓練の体系とアイデンティティ

　従業員の教育・訓練は，OJTを中軸としながら，Off JT（Off the Job Training）も併用
5 され，専門職種別技能教育および階層別教育がなされる。下級・中級・上級の管理者教育・経営者教育が集中的・分散的に綿密なプログラム，スケジュールのもとに施され，さらには社外教育の機会も与えられる（図表4-6）。また，技術的・技能的な教育・訓練と並んで，社是・社訓により会社の一員としてのアイデンティティを育
10 む精神教育が施され，そこに社風が形成される。上司・先輩によるしつけ的な教育や生活指導も日常的に行われる。

3　優良労働力の有効利用

a．定昇制とローテーション人事，厳しい人事考課

　教育・訓練による能力の向上とともに，従業員は定期的に各職場
15 へ配置・再配置される。欧米の従業員が特定職務のスペシャリストとしてキャリアを重ねるのに対して，日本の会社員は，各種の職務を次々にマスターしながら，ゼネラリストとして次第に上級の職務に昇っていくのである。それは定期昇進・昇給の定昇制といい，ローテーション人事といわれる。定昇制は，低い初任給からスタート
20 トする賃金体系とセットになっている。

　だが，企業の職務体系はピラミッド型であり，新入社員の従事する底辺の職務から上昇するに従ってポスト数は減少し，最後は頂点の社長職ひとつとなる。そこに適材適所の配置を行うための人事考課が必要となる。人事考課では，従業員の顕在的・潜在的能力と，
25 その具体的なあらわれである職務遂行度が評価されるだけでなく，会社に対する忠誠心なども測られ，序列化される。この人事考課は

図表4-6　ジャスコの教育体系図（1990年代）

資格	資格別教育	職務別教育（OJT）	職務別教育（OFF JT・社内）	職務別教育（社外・国内／海外）	各種リーダー養成セミナー・その他	スペシャリスト教育（ジャスコ大学）	経営者教育（社内）	経営者教育（社外）	グローバル化教育	情報化教育	余暇生活
社員呼称											
理事・参与	理事・参与登用研修	開設	人事総務部長研修	各種国内セミナー（KBFIT）	中日米(?)リーダーセミナー／採用戦略セミナー／M&Aリストラクチャリングセミナー	上級事業部長コース	新任理事セミナー／岡田サクセスガバナンス／社内役員(KBS役)セミナー／イナテックセミナー／大学院／神戸大学院	各種国内海外セミナー（KBEI）	会社派遣による海外留学制度（長期ミドルキャリアMBAコース）／私費による海外留学認定制度	公的資格取得援助・通信教育／書籍等斡旋・各種ビデオ／マニュアル開発・VTR開発・講師斡旋等	海外研修／IAAセミナー／スタッフセミナー etc
副参与	副参与候補研修／参事登用研修	店長ゼミナール／販売課ゼミナール	商品部長研修／商品課長研修		主要3社トレーナー養成／QC和(?)推進／海外研修	中級営業・企画開発課員コース／商品開発課員コース				スクラン活用・P・O・S活用セミナー	
参事	参事候補研修／参事登用研修	現職店長研修／現職販売課長研修	経営者担当者研修	各種海外研修セミナー／海外視察セミナー		初級総務課員コース／経理委員発令コース／開発委員発令コース			社内英語検定		
副参事	副参事候補研修／主事登用研修	新任店長研修／新任販売課長研修	理事研修			販売課員（衣食住）コース／商品開発課員（衣食住）コース					
主事		現職場主任研修／主任昇格研修			改善活動ツール・クリーン＆キレイツール	総務課員発令コース					
副主事	副主事登用研修	新任場主任研修／主任昇格研修	部門別フォローアップ研修		運動・衛生ツール						
社員4級	社員4級登用研修（フォローアップセミナー）	新A種／B種 売場主任コース／売場担当手引									
社員3級	社員3級登用研修（フォローアップセミナー）	5種 ベーシックコース／トレーナーコース									
社員2級	商業経営基礎講座（フォローアップセミナー）										
社員1級	フレッシュマン基礎研修（新入社員フォローアップセミナー）／内定者研修・通信教育	チャレンジシート・能力開発シート									

（出所）奥林康司『人材オリエンテーション』……『成功する人事労務管理システムの開発』中央経済社，1994年。

昇格・降格の職務再配置ばかりでなく，給与や賞与の基礎資料ともなる。

　人事考課はどこの国の企業にもそれなりにある。しかし産業別・職種別の企業横断賃率の公定や，労働組合との賃金協定のもとで，そのつど採用がなされる欧米に比べて，新規学卒一括採用の上に定昇制とローテーション人事の体系が形成され，企業規模別賃金が支払われている日本では，人事考課のもつ意味ははるかに大きくなる。上司のもつ人事考課の権限は，部下に対して死命を制するほどである。

ｂ．多就業形態，社員従業員と非社員従業員
　～日本型人事システムの特色

　以上のような新卒採用者が，日本企業の基幹的な社員（**社員従業員**）である。だが，日本企業にはこれと並んで中途採用の社員がおり，さらにさまざまな形の従業員が非社員（**非社員従業員**）として

図表 4-7　多就業形態

万人（％）

2020 年 12 月	男女計	男	女
役員を除く雇用者	5,626　(100.0)	2,992　(100.0)	2,634　(100.0)
正規の職員・従業員	3,534　(62.8)	2,334　(78.0)	1,200　(45.6)
非正規の職員・従業員	2,093　(37.2)	659　(22.0)	1,434　(54.4)
パート	1,017　(18.1)	118　(3.9)	900　(34.2)
アルバイト	466　(8.3)	231　(7.7)	235　(8.9)
派遣社員	145　(2.6)	56　(1.9)	89　(3.4)
契約社員	276　(4.9)	144　(4.8)	132　(5.0)
嘱託	108　(1.9)	70　(2.3)	37　(1.4)
その他	81　(1.4)	39　(1.3)	41　(1.6)

（注）割合は，「正規の職員・従業員」と「非正規の職員・従業員」の合計に占める割合を示す。
（出所）総務省「労働力調査 2020.12」をもとに作成。

図表4-8　社員従業員と非社員従業員

	社員従業員（正規従業員）		非社員従業員（非正規従業員）
種　別	正社員 （正規の職員・従業員）		パート，アルバイト 派遣従業員，契約社員・嘱託
	フルタイム（常勤） 期間を定めない雇用（定年まで）		パートタイム または期間を定めた雇用
身　分	基幹的（上位）		補完的（下位）
労働市場	内部労働市場 （企業の内部に抱え込まれた労働力）		外部労働市場
賃　金	企業規模別賃金 賃金体系 （基本給＋諸手当）		企業横断賃率（産業別・職種別） 賃金＝労働力の対価 （同一労働・同一賃金）
日本的な雇用関係の特質とされるもの	・終身雇用 ・年功制 ・企業別労働組合 ・手厚い福利厚生	○　適用 （ただし，部分的）	×　適　用　外
会社との関係	所属型（会社と一体）		契約型（一時的・限定的な関係）
備　考	「非社員従業員」（非正規従業員）とは，次の1つ以上にあてはまる労働者の総称 　①有期契約的労働者（期間が定められた雇用の労働者） 　②派遣労働者（派遣法にもとづく派遣により，派遣先で就労する労働者） 　③パートタイム労働者 　（1週間の所定労働時間が，通常の労働者の1週間の所定労働時間に比べて短い労働者）		

　採用されている。こうした**多就業形態**がとられているのも，日本的経営の重要な特色である。かつて本工に対して臨時工・社外工といわれ，現在，正社員に対してパート，アルバイト，契約社員・派遣社員といわれるのがそれである。

　社員従業員・非社員従業員を，それぞれ**正規従業員・非正規従業員**ともいう。非社員従業員＝非正規従業員は，従業員の側からすれば，主婦や学生のように自分の時間の都合に合わせて自由に働けるという利点があり，その典型がフリーターということになろう。だ

図表 4-9 正社員以外の労働者の活用理由

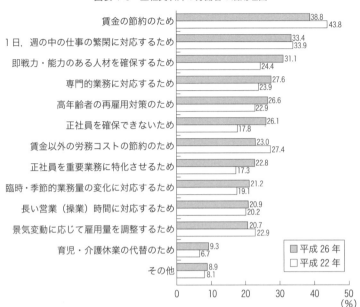

(注) 事業所規模 5 人以上の民営事業所，複数回答。
正社員以外の労働者以外の労働者がいる事業所のうち，回答があった事業所＝100 とした場合。
(出所) 厚生労働省「平成 26 年就業形態の多様化に関する総合実態調査」。

が，企業の側からすれば，随時，吸収・放出できる非社員従業員により，仕事の季節的繁忙や一日のうちの繁閑，市場の景気変動，各企業の個別的事情に応じた労働力の需給の変化に弾力的に対応できる。

5　社員従業員は労働力市場から切り離され，会社に抱え込まれて，その繁栄に応じた企業規模別賃金を享受する。これに対して，非社員従業員は企業外部の労働力市場（第 2 章 22 頁参照）の動向の中におかれ，産業別・職種別の企業横断賃率の適用を受ける。先に，欧米の契約型に対して日本は所属型と述べたが，より正確にいえ

図表 4-10　雇用形態別の賃金格差（正社員とそれ以外）

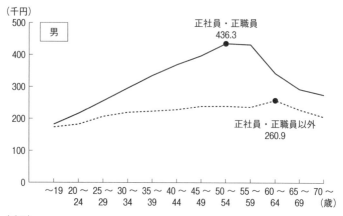

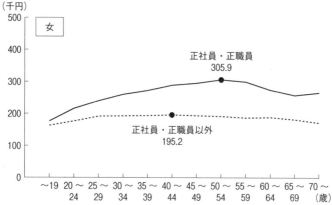

（出所）厚生労働省「令和元年賃金構造基本統計調査」。

ば，多就業形態をとる日本企業では，所属型の処遇を受ける社員従
業員と，契約型の非社員従業員の両方が雇用されているのである。
そして，非社員従業員の賃金は社員の給与より低く抑えられている
のが一般的であり，両者の格差はその他一切の労働条件や福利厚
生，労災の取り扱いにも及んでいる。1990 年代に 3K 業種（きつ
い・汚い・危険）への資格外就労が社会問題となった外国人労働者

も，こうした非社員従業員の範疇に属すものである。

　一方で労働力需要の変化に弾力的に対応しながら，他方において人件費の抑制に資する多就業形態は，新規学卒一括採用・企業規模別賃金と並んで，日本的経営の重要な特色をなすものといえるであろう。

4　不要労働力の排除
a．終身雇用・年功制の現実〜日本は終身雇用か？

　本章のはじめで述べたように，日本的経営の特質といえば，かつては終身雇用・年功制・企業別労働組合の三本柱ないし三種の神器をあげるのが常識であった（論者によっては，企業別労働組合のかわりに手厚い福利厚生をあげる者もいる）。だが，非社員従業員にはこれらは適用されていない。それでは社員従業員についてはどうか。結論を先にいえば，企業別労働組合は別として，終身雇用・年功制を日本的経営の特質ということはできない。

　終身雇用・年功制の語には，ぬるま湯のイメージがある。だが，そのイメージどおり，ひとたび入社すれば定年まで雇用が保障され，学歴と勤続年数に従って職位と給与があがるなら，誰も一生懸命働きはしない。サービス残業や，残業規制による自宅への仕事の持ち帰り，休日出勤・有給休暇返上もないであろう。単身赴任・過労死についても同様である。だが，終身雇用・年功制の牧歌的なイメージとは裏腹に，新規学卒一括採用された多数の基幹社員に対して，厳しい人事考課による能力査定がなされ，それによって昇進・昇格が定期的に行われるのが日本的経営の現実である。これは日本企業の組織構造にも反映されている。

　すでに述べたように，企業は社長を頂点としたピラミッド型の職務体系を形成している。日本では，それとともに，新入社員を底辺とした年齢別・勤続年数別の人員構成が形成されており，両者が重

図表 4-11　男子労働者が同一企業で働き続ける割合
～「日本的経営＝終身雇用」といわれていた 1980 年代の実態

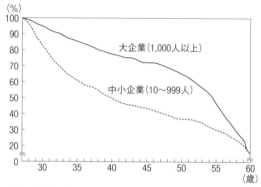

(注)　労働省『賃金構造基本統計調査』(昭和 62 年，平成 4 年)
　　　から労働省労働経済課にて推計。
(出所)『労働白書』平成 6 年版。

なり合っている点に特色がある。勤続年数が長期化し，年齢と職位
が上がるに従って不要労働力を排除し，従業員数を減少させている
のである。日本で実際に「終身雇用」の適用を受けているのは大企
業の大卒男子の一部であり，中小企業ではその比率はさらに低下す
る。　　　　　　　　　　　　　　　　　　　　　　　　　　　　5

b．不要労働力排除の実態～終身雇用は高度経済成長期の一時的現象

　企業は市場の動向，季節的繁忙，当該企業の事情に応じて不要と
なった人員を排除しなければ存続できない。欧米であれ，日本であ
れ，こうした点に違いはないが，解雇の仕方には相違がある。欧米　　10
なら，次項で述べるレイオフが行われる。日本では終身雇用といわ
れながら，会社が成長し続ける限りは大量解雇はないものの，不況
となったり，業績悪化で会社が縮小状況にあるときには，余剰人員
の整理が必要となる。まずは非社員従業員で調整され，それはやが

て社員従業員に及ぶ。いわゆる**雇用調整**である。

　毎年，新規学卒者を一括採用して，しかも終身雇用が可能である
とすれば，それは企業が成長を続け，要員とポストの増加が求めら
れるときだけである。それゆえ，終身雇用は高度経済成長期の一時
的現象にすぎないという論者もいる。そして，会社が成長を続けて
いるときですら，不要と目される社員は排除される。窓際族・肩た
たきという言葉がかつて流行語となり，不利な人事考課や，不当な
配置転換，降格人事が行われ，居づらくなった従業員が自発的退職
することとなる。成長が見込めず，会社の存立が危うくなれば少数
精鋭が叫ばれ，希望退職が募られ，指名解雇すら強行される。さら
には，関連会社への出向・転属・転職・退職にかかわる専門的な部
署が，人材開発課・第二人事課の名称のもとに常化し，選択定
年制がしかれる。いわゆる年功的な賃金体系・職務配置は不要労働
力の排除の上に初めて可能となる（その典型が，入省年次を重視す
る官公庁の年功序列と，これとセットになった官僚の早期退職・天
下りである）。

c．アメリカの先任権制度〜日本よりも実質的に年功的？

　契約型の欧米では，従業員はそれぞれより良い条件の職務・職場
を求めて移動することはすでに述べた。また，景気変動による労働
需要の変化には**レイオフ**（一時帰休）による人員整理が行われ，従
業員の離職率が高くなることから，一般には，特定企業への長期雇
用は日本よりも少ないと考えられている。

　だが，アメリカではレイオフに際して，**先任権制度**(seniority system)が確立してい
ることから，むしろ長期勤続者が優遇される傾向にある。すなわち
解雇にあたっては先に採用された者ほど後に解雇される(first in last out)。逆にいえ
ば，新しく採用された者から先に解雇される(last in first out)のである。そして景気
が回復して会社が労働力を必要としたときは，後から解雇された者

図表 4-12　年齢別勤続年数の日米独比較（男）（1990 年代）

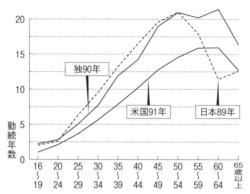

（注）独，米国は未公表の世帯調査，日本は『賃金構造基本統計調査』。
（出所）小池和男『日本の雇用システム』東洋経済新報社，1994 年。

から順次，会社に復帰するという制度である。その結果，長期勤続
者が優遇されることになる。

　これに対して，日本ではむしろ，若年中心の労働力構成をつくる
ために，長期勤続者・中高年者が排除される傾向がある。かくし
て，先任権制度のアメリカ企業の従業員構成における長期勤続者の　5
割合は，日本よりもむしろ大きくなるのである。

　なお，バブル崩壊期以降の日本企業の雇用調整は，中高年層のリ
ストラとして社会問題となった。逆に新卒採用の抑制は，若年労働
力のフリーター化・ニート化の問題を生んだ。

5　日本的能力主義〜階統制と能力主義　　　　　　　　　　　　　　10

a．日本企業の組織原則〜欧米以上の能力主義原則

　以上のような日本の人事システムをみてくると，アメリカ型の先
任権制度に比べて，実質的に終身雇用・年功制ということはできな
い。むしろ激しい競争を伴う能力主義的な人事が，欧米以上になさ
れていることが分かる。また，企業規模別賃金のもとでは，会社の　15

盛衰が従業員の盛衰に直結することから，他社との競争に勝ち，自
社の存続をはかるためにも能力主義が貫かれざるをえない。

　だが，能力主義は近代的経営における一般的な原則である。した
がって，単純に能力主義を日本的経営の特徴ということはできな
い。むしろ，**階統制と能力主義の二本立てを日本的経営の組織原則**
としてあげることができよう。

b．階統制〜日本型組織の特徴

　日本の組織では，それぞれの構成員がいかなる統（スジ）に属す
かによって，その組織における地位や処遇が決められる。一般的な
用語ではないが，これを階統制といおう。階統制における統とは，
諸個人が先天的・後天的に身につけた諸属性であり，いかなる資
格・条件・形式によりその組織に参加したかにより決定される。た
とえば，企業では採用形式・学歴・性別・国籍などによって，各人

図表4-13　標準労働者（新卒採用者）と中途採用者の賃金格差

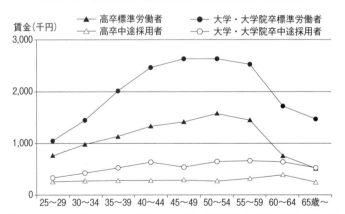

（注）1．ここでの賃金は，所定内給与×12カ月＋年間賞与その他特別給与額で算出。
　　　2．中途採用者は勤続年数0年の標準労働者のデータを抽出。
（資料）厚生労働省『賃金構造基本統計調査』HP，2006年。
（出所）平野文彦「日本企業における日本的経営の変容に関する調査研究」2008年。

が属す統が異なる。具体的には，社員か非社員か，社員とすれば新卒採用か中途採用か，本社採用か現地採用か，男性か女性か，大卒か高卒か，大卒ならどの大学の出身かによって，地位・処遇をつけられ，それはしばしば能力を超えた違いとなる。会社がある程度の成長をとげるまでは，血縁が重視されるのも階統制の一種である。　5
先に述べた多就業形態における差別的な処遇は，階統制に起因するものである。

　日本企業の秩序は，こうした階統制によって維持される。企業内では学歴が格となり，それに応じた教育・訓練と出世のコースがあることはよく知られている。この階統制と並んで，前項で述べた能　10
力主義が貫いているのが日本企業である。いわゆる同族企業において，創業者一族が社長職を世襲している例も少なくないが，無能者の排除を怠ると没落・倒産を免れないのはいうまでもない。

6　企業別労働組合

a．欧米の労働組合（本来型）〜産業別・職種別労働組合　15

　すでに述べたように，欧米の産業別・職種別の企業横断賃率に対して，日本では企業規模別賃金が支払われていることが，企業に所属型の性格を与える一因となっていた。こうした賃金制度の相違

図表 4-14　労働組合の国際比較

	欧　米	日　本
組合の形態	産業別・職種別労働組合 （企業横断的）	企業別労働組合 （会社・職場単位）
組合員	同一産業・同一職種の労働者	同一企業の従業員
企業との関係	企業外的 労使対等・労使対立（企業から独立）	企業内的 労使協調（会社に従属）
賃　金	労働の対価（同一労働・同一賃金） 産業別・職種別企業横断賃率	賃金体系（基本給＋諸手当） 企業規模別賃金

は，労働組合の形態の違いにより生み出されている。

　欧米の労働組合は，**産業別・職種別労働組合**である。労働者はまずいかなる職種をこなす能力をもつかによって，産業別あるいは職種別に組織された労働組合の一員となる。かくして労働組合はさまざまな企業に雇用される労働者を抱え，企業横断的・企業外的な存在として労使対等の姿勢を貫き，賃金その他の労働条件についての団体交渉を行う。その結果，どこで勤務しようと同一労働・同一賃金の原則に立った産業別・職種別の企業横断賃率が成立することとなる。労働者が特定の企業を離れても，彼らは依然としてその労働組合の一員である。

b．日本の労働組合〜企業別労働組合（企業内労働組合）

　欧米とは異なり，日本では労働組合は企業別に組織されている（**企業別労働組合**）。労働者は特定の会社の社員となってはじめて，当該会社の労働組合員となり，その会社を離れれば組合員でなくなる。非社員従業員もまた，その会社の労働組合員たる資格をもちえない（近年では，組合組織率の低下から，非社員従業員の加入を認める動きもある）。組合員は，特定の企業別労働組合のメンバーとして，ほかの会社の組合と連合する。必然的に，ほかの会社の組合や労働者よりも，自分の会社との結合度の方がはるかに大きくなる。組合も会社あっての組合であり，会社の存亡は組合の存亡に直結する。企業別というより**企業内労働組合**であり，企業に対しては，欧米の組合とは違って，**労使協調路線**をとらざるをえない。かくして，日本ではどの会社の従業員であるかによって賃率が異なり，同じ職務についていても，会社の支払い能力，すなわち企業の繁栄度に応じて給与・賞与・退職金・福利厚生の格差がみとめられる企業規模別賃金が支払われるのである。

　以上のように，日本と欧米の経営が著しい相違点をもつのは，労

図表4-15　日本型人事システム（全体表）

人事システムの体系	
①若年優良労働力の吸収・定着	1）新規学卒一括採用が原則 2）部分的に中途採用で対応　}多就業形態　1) 2) 3) の順に厚遇 3）随時、非社員従業員を吸収・放出 4）企業規模別賃金（＋新規学卒一括採用）→ 大企業ほど優良労働力の吸収・定着に有利
②労働力の教育・訓練	1）企業内教育訓練（職種別・階層別） 2）入社前から退職時まで（職種別・階層別に）プログラム化 3）OJT中心の各種技能（Off-JTも併用） 4）精神教育も（社是、社訓、社風、上司によるしつけ）→ 会社人としてのアイデンティティ
③労働力の有効利用	1）定期昇給・定期昇進（定昇制） 2）ローテーション人事　}（＋企業規模別賃金＋④不要労働力排除） 3）厳しい人事考課　→ 業績＋忠誠心向上競争 　…「無限定職務・無制限労働時間」（残業・サービス残業、休日出勤）、単身赴任 4）多就業形態：社員・非社員構造（パート・アルバイト、契約・派遣）
④不要労働力の排除	1）若年労働力中心の労働力形成（長期勤続化・高年齢化） 2）肩たたき・窓際族・不利な人事考課による自発的退職（いづらくなって） 3）希望退職・選択定年制、関連会社への出向（専門部署の設置）　→ 排除 4）指名解雇（非常時）　→ 専門人事課（第二人事課・能力開発課）
◎ 日本型人事システムにおける組織原則 ＝日本型能力主義	{1} 階統制（学歴・採用形式・性別・国籍等による差別的な処遇） {2} 能力主義　{3＋④→職種別賃金による生き残り競争} 　　　　　　　{企業規模別賃金→他社との激しい競争}
◎ 日本企業の所属型的性格を生む二本の柱	1）新規学卒一括採用　2）企業規模別賃金

働組合の存在様式（企業外的存在か企業内的存在か）に大きく基礎づけられている。同時に，労働組合の存在様式の違いは日本的経営のあり方に由来するともいえる。日本的経営の性格・構造と労働組合の様式には，相互作用の関係があると考えられるのである。

Ⅱ　日本の企業行動の特質

　日本的経営における人事システムは，若年優良労働力の吸収・定着，教育・訓練，有効利用，不要労働力排除のシステムとして有効であり，その内実は欧米とはきわめて異なるものであった。だが，日本的経営の独自性は人事システム上の特徴にとどまらず，企業行動の全般に及んでおり，これらを論じることなくして，日本の経済成長の秘密も，貿易摩擦や日本異質論の原因も論じることはできない。

　本節においては，わが国の企業様式の特徴として，(1)日本型株式会社制度の特異性と，(2)独自の企業結合様式（企業集団・企業系列）を取り上げ，それによってもたらされた日本企業の行動の特質を論じることとしよう。

1　日本型株式会社制度の特異性

　わが国の株式会社は，株式会社本来の構造（欧米型）を逸脱した特異な体制となっている。それはしばしば，資本主義のルールに従わないものとして非難され，とくに近年では株主重視の経営への変革が叫ばれるに至っている。ところが，特異な日本型株式会社の構造が，会社そのものの成長にはきわめて有利な戦略をとることを可能にしてきたのである。

図表4-16　日米の株式会社の相違

	アメリカ型（本来型）	日本型
会社の性格	株主の財産　致富手段	従業員の運命共同体（家）
構　造	株主総会 ↓（選出） 取締役会 ↓（選出） 社長	社長 ↓（指名） 取締役会 ↓（依頼） 安定株主
株　主	会社の所有者	安定株主
株主総会	実質的な最高意志決定機関	形骸化
取締役会	株主の代理 社外重役中心 （弁護士・会計士が社長をチェック）	社長の補佐 社内重役中心 （社長が従業員＝部下より任命）
社長の性格	経営の執行者	従業員の代表 （家長。前社長より指名）
目　標	収益性増大→株主の利益 （高配当・高株価）	会社の成長 マーケット・シェアの拡大 新製品・新規事業の拡大
企業買収	日常的な企業行動の一環 （株主・経営者の利益につながる場合）	友好的企業買収のみ可 （業界再編 or 同企業集団内）
配当性向	高い	低い
経営者報酬	高い	低い
利益分配	社外分配（株主・経営者へ）	内部留保（設備投資・研究開発）
	⇩ 株主をはじめとする 会社関係者の利益に志向 （株式中心・株主中心の体制）	⇩ 会社そのものの成長に適した体制 （社長中心の体制）

a．株式会社の基本構造（欧米型）

　現代企業の代表的形態は株式会社である。株式会社制度は資本主義経済の根幹的な制度として西欧で生まれ，アメリカで発展し，日本にも明治初期に導入・定着がなされ，発展してきた。

　日米の株式会社は，法律的に捉える限りでは基本的に同一である。まず，株式会社は株式中心・株主中心の制度であるといえる。第2章でも述べたように，株式会社の所有者は株式の購入者たる株

主＝出資者であり，会社は株主の私有財産と考えられる。したがって，**株主総会**が株式会社の最高意思決定機関であり，ここで株主に代わって資本の運用，すなわち会社の経営を担当する取締役が選出される。取締役は取締役会を構成して，経営の執行者としての代表取締役社長を選出する。社長は株主より受託した経営権を執行し，株主は資本運用の成果としての配当を受け取る。社長は**株主利益**の実現（**高配当・高株価**）を第一目標とし，その行動は取締役会によりチェックされる。「株主総会→取締役会→社長」という構造になっているのである。さらに株主は，株式市場において出資証券としての株券を自由に売却することによって出資金を回収し，株主＝出資者たることをやめることができる。また特定の会社の株式を買い占め，企業買収（M&A）することも，当然のこととして行われる。株式会社制度とはまさにこのようなものであり，欧米ではそのように運営されている。

b．日本型株式会社制度における社長と取締役
　　〜社長の部下としての取締役

　だが，日本の株式会社は法的には以上のようなものでありながら，その内実は，本来的な株式会社制度からみれば転倒した構造となっている。日本の株式会社，とりわけ大企業においては，社長は取締役会において実質的に選出されるのではなく，事実上，現社長が取締役の中から自分の後任を決めるのが普通である。取締役会は，形式的には（法的には）株主総会の下部機関として位置づけられ，株主の代理人として株主総会で選出されるが，実質的には社長によって従業員のなかから任命された取締役により構成される。欧米では主として会社の外部の人間が取締役会を構成する（社外重役）のに対して，日本では内部重役中心である。

　日本の取締役会は株主総会に責任を負って社長の行動をチェック

図表4-17　社長の人事権（1990年代）

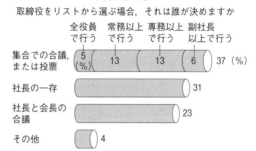

役員は誰が選ぶ

取締役をリストから選ぶ場合，それは誰が決めますか

	全役員 で行う	常務以上 で行う	専務以上 で行う	副社長 以上で行う	
集合での合議， または投票	5 (%)	13	13	6	37（%）
社長の一存					31
社長と会長の 合議					23
その他					4

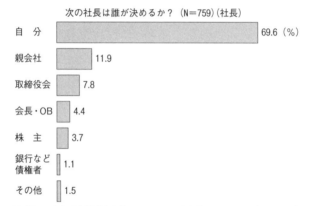

次の社長は誰が決めるか？（N=759）（社長）

自　分	69.6（%）
親会社	11.9
取締役会	7.8
会長・OB	4.4
株　主	3.7
銀行など 債権者	1.1
その他	1.5

（出所）日本経済新聞社編『ゼミナール現代企業入門』1990年・2000年。

するというよりは，社長の部下・補佐役であり，従業員の出世した者としての性格をもっている。すなわち，日本では社長や取締役は株主の代理や受託経営者ではなく，一面では従業員の代表という性格をもっているのである。そこから日本の会社では社長から平社員まで全員経営者的な意識が生まれ，OJT，TQC，JIT（Just In Time）などの経営技術が自ずから生み出される風土が形成される。

c. 安定株主〜特異な日本型株主

　戦後の日本企業においては，大株主は取締役会に依頼されて株式を所有する安定株主が中心である。とりわけ大企業では同一の企業集団に属する金融機関や関係会社が相互に株式を持ち合うことが多く，株式の相互所有あるいは持合いといわれている。これらの安定株主は，株式会社制度の原則にのっとった高配当・高株価（利潤動機），あるいは会社支配を目指して（支配動機），株式市場で株式を自由に売買するという行動をとらない。安定株主はつねに取締役会に対して支援的な態度をとり，安定株主として振る舞うことができず，株式を手放さなければならないような状況になったときには，あらかじめ取締役会に相談する。大株主と取締役会の関係が以上のような内容をもつ以上，株主総会は形骸化し，最高意思決定機関としての内実をもっていない。

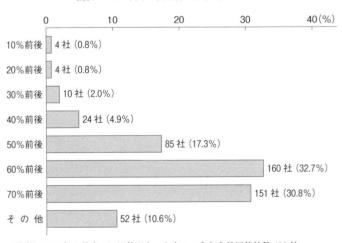

図表 4-18　日本の安定株主比率（1980 年代）

（備考）1990 年 2 月までに回答があったもののうち有効回答社数 490 社。
（資料）商事法務研究会『株買占め・安定株主に対する実態調査』により作成。
（出所）宮本・小峰・貞広編『ゼミナール日米経済比較』有斐閣，1994 年。

d．日本型株式会社の企業目的〜利潤追求よりもシェアの拡大

　以上，欧米の株式会社が本来的なあり方どおりの株式中心・株主中心の制度であり，「株主総会→取締役会→社長」の構造をとっているのに対して，日本の株式会社においては逆に「社長→取締役会→株主総会（安定株主）」という社長中心の構造となっている。そして，前者が株主の利益に直結する配当性向の増大・株価の上昇を目指して収益性の向上に努めるのに対して，日本の経営者は企業そのものの発展・成長を求めて，マーケット・シェアや新規製品比率・新規事業の拡大を優先する。したがって，シェアの拡大のために通常の利益を犠牲にしたり，研究開発や設備投資のために利益を内部留保しており，株式会社としての当然の行動（利潤を極大化し，可能な限り配当にまわす）をとっていない。

　さらに，欧米では株主や経営者の利害に合致すれば，企業買収が通常の経済行為として行われている。だが日本では，業界再編や同一企業集団内での合併などあらかじめ合意されたもの以外は，企業買収そのものが会社の維持・存続に反するものとして忌避される。日本の会社は，株主利益を最優先する株式会社制度本来の原則に立っておらず，そのことが諸外国との摩擦や，株主の復権を叫ぶ近年のコーポレート・ガバナンスの議論を生んでいるのも事実であるが，反面，低配当・高内部留保（高研究開発・高設備投資）の企業戦略をとるなど，会社そのものの成長に適した性格と構造をもっているといえよう。

2　日本型企業結合様式の独自性

　日本企業は，企業結合のあり方についても独自の様式をもっている。企業集団と企業系列がそれである。企業集団・企業系列は日本経済の閉鎖性・封建性の証拠として述べられることが多いが，これらにもとづく行動様式は，むしろわが国大企業の強さを支えるもの

であり，それゆえに貿易摩擦の一因ともなっている。

a．親子関係の企業系列

　日本の企業は，大企業を頂点とする企業系列 ^(Keiretsu) を形成している。欧
米においては組立工場の部品内製化率が高く，日本では低い。わが
5　国の完成品メーカーは部品をそれぞれ下請けの部品メーカーに発注
しており，この関係が親会社・子会社の関係として，長期持続的に
形成されているのである。親会社，もしくは有力な大企業は多数の
子会社・孫会社や関係会社を従え，資金提供・人的交流・技術の支
援や共同開発，そして何よりも取引の継続など，企業存立のあらゆ
10　る側面で支援し，庇護・育成する。同時に，その見返りとして，傘
下の系列会社から納入される部品の品質の確保と向上，納期・納品
数量の厳守，そして何よりも納品価格の切り下げ（**プライスダウ
ン**）を求めるなどの専制的な支配がなされる。このような恩情と専
制，庇護と絶対服従の関係を**親子関係**という（日本企業では，恩情
15　と専制の関係という意味での親子関係が，系列企業間だけでなく，

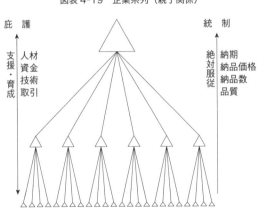

図表 4-19　企業系列（親子関係）

（注）図表 2-13（わが国自動車産業の下請構造）とあわせてみよう（第 2 章 41 頁）。

企業と従業員の関係や，上司・部下の関係においてもみとめること
ができる）。

　欧米の場合は，大企業であろうと中小企業であろうと，独立した
企業として，それぞれに自由な市場原理にもとづいた競争と相互依
存の関係が成立している。もちろんそこには，市場における一般的　5
な原理として，独占的な大資本に対して中小の資本が弱者の立場に
立たされるという関係も存在している。しかし，わが国の企業系列
においては，下請け企業の独立性を実質的に失わせるほど強い支
配・従属関係が成立しており，これが部品の供給関係・原材料の供
給関係にある大企業と，中小企業との特定の結合関係として長期に　10
わたって持続しているのである。

b．企業系列とオイル・ショック

　日本企業が欧米の先進諸国を追い越し，経済大国となったのはオ
イル・ショック以降といわれている。欧米諸国の場合，原油価格の
上昇はそのまま製品価格の上昇につながったが，日本はそうではな　15
かった。オイルショックを克服することにより，欧米諸国の経済が
足踏みをするなかで，日本だけが成長を続けることができたのであ
る。その理由は，前節・前々節で述べた ① 人事システムの優秀性
や，② 独自の株式会社の構造とともに，前頁の ③ 企業系列による
コストダウンと品質の確保・向上にある。1980年代後半の急激な　20
円高に際しても同様のことがいえる。しかし，企業系列における親
子関係は，欧米で一般的にみられる企業の競争と相互依存の関係と
はまったく異なるゆえに批判の的となり，貿易摩擦の一因ともなっ
ている。

c．ワンセット主義の企業集団　　25

　大企業＝親会社を頂点とする企業系列をいくつか抱えながら，銀

行・保険の金融機関と商社を中核とする企業集団（企業グループ）が形成されている。かつての三井・三菱・住友・芙蓉・三和・一勧の（旧）**六大企業集団**がそれである（2000 年 10 月現在。近年の動向については次節を参照）。企業集団は，企業系列とともに，欧米
5 にはみられない日本独自の企業結合の形態である。

　六大企業集団のうち，三井・三菱・住友の各グループは，戦前の財閥が解体され，持株会社が禁止された戦後において，グループの諸企業が再結集し，形成されたものである。これに対して，後三者は非財閥系の諸企業が，それぞれのメインバンクである富士・三
10 和・第一勧銀の各銀行（当時）を中核として結合した企業集団である（第 2 章 36 頁参照）。六大企業集団はいずれも中核的な金融機関とグループ諸企業の**株式相互持合い**（36 頁参照）という自己資本と他人資本との結合を媒介とした結合形態である点において同じである。

15 　企業系列が，大企業とその下請け・孫請けの企業群とのタテの支配関係だったのに対して，企業集団は大企業同士の集団的な**相互支援体制**である。企業集団の結集は，金融的支援や融資ばかりでなく，株式の相互持合い，役員の相互派遣，社長会，各級レベルの相互研修会，情報交換，各企業集団ごとのイメージアップ戦略など，
20 各種の施策がなされていた。さらに新規事業の開発・発起が企業集団ごとに行われ，各集団はそれぞれ主要業種に有力企業を抱える戦略を展開した。これを**ワンセット主義**という。企業系列が基本的に同業種・関連業種の諸企業によって形成されるのに対して，企業集団は異業種の企業グループなのである。

25 　**d．企業集団と貿易摩擦**
　ワンセット主義にもとづく各企業集団の行動は，企業競争の局面において，独自の展開をみせる。すなわち，通常の企業競争が当初

図表 4-20 ワンセット主義の企業集団～旧6大企業集団の主な

	三井系	三菱系	住友系
銀行・保険	さくら銀行 （三井住友銀行） 中央三井信託銀行 （三井住トラスト HD） 三井生命［退会］ 三井海上火災 （三井住友海上火災）	東京三菱銀行 （三菱東京 UFJ 銀行） 三菱信託銀行 （三菱 UFJ 信託銀行） 明治生命 （明治安田生命） 東京海上火災 （東京海上日動火災）	住友銀行 （三井住友銀行） 住友信託銀行 住友生命 住友海上火災 （三井住友海上火災）
商社	三井物産	三菱商事	住友商事
機械 （一般機器・電器機 器・輸送用機器・ 精密機器）	東芝 三井造船 石川島播磨工業 （IHI） トヨタ自動車	三菱電機 三菱自動車 三菱重工業 ニコン	NEC 住友重機械工業
鉄鋼 非鉄金属 鉱業	日本製鋼所 三井金属 三井鉱山 （三井コークス）	三菱製鋼 三菱マテリアル	住友金属工業 （［退会］新日鐵住金） 住友金属鉱山 住友電気工業 住友ベークライト
化学・石油 繊維 窯業・土石	三井化学 電気化学工業 （デンカ） 東レ 太平洋セメント	三菱化学 （三菱ケミカル） 三菱ガス化学 三菱レイヨン （三菱ケミカル） 日石三菱 （JXTG HD） 旭硝子	住友化学工業 日本板硝子 住友大阪セメント
食品 紙パ・建設	日本製粉 三井建設 （三井住友建設） 王子製紙 （王子 HD） 日本製紙 （日本ユニパック）	キリンビール （キリン HD） 三菱製紙 三菱建設 （ピーエス三菱）	住友建設 （三井住友建設） 住友林業
百貨店・ 不動産 運輸・倉庫 他	三越 （三越伊勢丹 HD） 三井不動産 商船三井 三井倉庫 （三井倉庫 HD）	三菱地所 日本郵船 三菱倉庫	住友不動産 住友倉庫
社長会(設立年)	二木会（1961 年）	金曜会（1954 年）	白水会（1951 年）
株式持合 比率 1993 年	16.77%	26.11%	24.45%
2017 年	5.25%	13.0%	5.71%

（注）複数の社長会のメンバー企業を含む。2001 年現在、(1)三菱銀行は三菱東京フィナンシャル・グルー
　　プ含めて、みずほフィナンシャル・グループに、(4)三和系は東海銀行を含めて UFJ ホールディングスと
　　誕生により、3 大メガバンク体制となった。だが企業集団としては三井住友・三菱 UFJ・みずほ（3 集
　　（菊地 2017）。
（出所）『週刊東洋経済 臨時増刊 企業系列総覧'95』1994 年 11 月 30 日、『週刊ダイヤモンド』2017 年 7 月

社長会メンバー

1994 年 10 月現在。（　）内は 2017 年 7 月現在の社名

芙蓉系	三和系	一勧系
富士銀行 （みずほ銀行） 安田信託銀行 （みずほ信託銀行） 安田生命 （明治安田生命） 安田火災海上 （損保ジャパン日本興亜）	三和銀行 （三菱東京 UFJ 銀行） 東洋信託銀行 ［退会］三菱 UFJ 信託銀行） 日本生命	第一勧業銀行 （みずほ銀行） 朝日生命 日産火災海上 （損保ジャパン日本興亜）
丸紅	ニチメン （双日） 日商岩井 （双日）	伊藤忠商事 日商岩井 （双日） 川鉄商事 （JFE 商事）
日立製作所 沖電気工業 横河電機 クボタ 日産自動車 日本精工 キヤノン	日立製作所 シャープ［退会］ 京セラ 日立造船 ダイハツ工業 HOYA	日立製作所 富士電機 富士通 川崎重工業 石川島播磨工業 （IHI） いすゞ自動車
日本鋼管 （JFE スチール）	神戸製鋼所 日新製鋼 日立金属 日立電線	神戸製鋼所 川崎製鉄 （JFE スチール） 日本軽金属 （日本軽金属 HD） 古河機械金属 古河電気工業
呉羽化学工業 （クレハ） 昭和電工 日清紡績 太平洋セメント	徳山曹達 （トクヤマ） 積水化学工業 宇部興産 藤沢薬品工業 （アステラス製薬） 東洋ゴム 帝人 ユニチカ コスモ石油	旭化成工業 協和発酵工業 （協和発酵キリン） 三共 （第一三共） 資生堂 ライオン 昭和シェル石油 横浜ゴム 太平洋セメント
日清製粉 （日清製粉グループ本社） サッポロビール （サッポロ HD） 大成建設 日本製紙 （日本ユニパック）	伊藤ハム （伊藤ハム米久 HD） サントリー （サントリー HD） 大林組 積水ハウス	清水建設 王子製紙 （王子 HD）
東京建物 東武鉄道 京浜急行電鉄	高島屋 阪急電鉄 （阪急阪神 HD） 日本通運 商船三井 オリックス 大阪ガス	西武百貨店 日本通運 川崎汽船 オリエントコーポレイション
芙蓉会（1966 年）	三水会（1967 年）	三金会（1978 年）
14.00%	16.41%	11.92%
2.21%	4.96%	4.53%

プに，⑵三井系・住友系銀行は三井・住友フィナンシャル・グループ，⑶芙蓉系・一勧系は日本興業銀行を
して，4 大金融グループに再編されていた。2006 年 1 月には，さらに三菱 UFJ フィナンシャル・グループの
団）ではなく，三井・三菱・住友・芙蓉の 4 グループが残り，三和と一勧は実質的に解消したと思われる

は多数であった企業数を次第に減少させる方向に作用するのに対して，ワンセット主義的な企業集団の業種展開は，各業種の有力企業の数を増やしこそすれ，減少させないのである。この傾向は，欧米の独占化・寡占化を目指す企業競争の展開とはまったく異なるものである。

　欧米の一般的な競争においては，それぞれ業種ごとにカルテルを生み，さらには有力企業のみが競争に打ち勝って企業数が少なくなり，最後には最有力企業一社の独占が成立する。だが，独占は競争を排除し，独占価格を設定し，消費者を圧迫し不利におとしいれ，さらに進歩発達を阻害するとされている。かくして独占禁止法が適用せられ，企業分割その他によって複数企業の競争を導入し，寡占体制（数社の企業による独占）がとられる。

　ところが，各企業集団がワンセット主義をとる日本では，主要業種に有力企業がそろえられるため，同業種の大企業の多数並立状態となる。自動車でいえば，米国のビッグ3といわれるGM，フォード，クライスラーに対して，日本ではトヨタ，日産，ホンダ，マツダ，三菱，ダイハツ，スズキなど，組立メーカーだけでも多数を数える。そこにシェアをめぐっての熾烈な過当競争が展開される。欧米からみれば異常な，利潤を度外視した競争が繰り広げられるのである。そして国内の市場が飽和に達したとき，各企業は雪崩をうったように海外に進出し，**集中豪雨型輸出**がみられることになる。独自の優秀な人事システムをもち，低配当・高内部留保の特異な株式会社制度に立ち，部品のコストダウンと品質の確保を厳守する下請け企業群を従えながら，熾烈な競争をしてきた日本企業は，進出された側の企業・産業にとって大きな脅威である。その国の経済・産業は衰退し，貿易摩擦が引き起こされる。

　企業系列といい，企業集団といい，欧米に類をみない日本における独自の企業結合様式は，市場の自由競争の原理と，企業間の協調

と結合の原理をあわせもったものとして，ダイナミック・ネットワークともよばれている。

e．企業集団と政府各省庁の親子関係

　各企業集団がそれぞれ中核としている銀行・保険の金融機関の上には（旧）大蔵省・日銀があり，またその他の企業も，通産・農水・運輸・建設・郵政・厚生・文部などの政府各省庁の統制下におかれている（これらの省庁は，現在では財務省・金融庁，経済産業・農水・国土交通・総務・厚生労働・文部科学の各省庁に再編されている）。政府の法的規制・補助金・許認可・行政指導により日

図表4-21　東京に本社を置くメリット（1980年代）

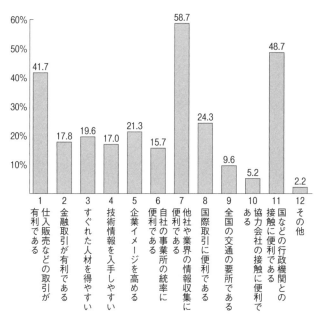

（注）回答は選択肢の中から3つずつ選んだもの。資料は日本経済調査協議会（1984）。
（出所）小池和男『日本の雇用システム』東洋経済新報社，1994年。

本企業は統制されるとともに，保護・支援される体制をもっている
のである。それは必然的に，大企業の大多数が政府各省庁に近接す
る東京に本社をおくことになり，いわゆる東京一極集中が生まれ
る。それはまた，商取引上の便宜からさらに拍車がかけられること
になる。 5

●家の論理～日本的な経営原則の体系
　日本的経営が独自の性格・構造をもつのはなぜか。それは家の論理（三
戸公1991）が貫いているからである。家の論理は，組織の維持繁栄を第
一目標とする運命共同体的な経営原則の体系である。わが国においては，
企業のみならず，官庁・学校・病院・労組からプロ球団に至るまでさまざ 10
まな経営体に家の論理がみられる。［以下の各項目末には日本企業の例を
記した］
①目的
　家は何よりも維持繁栄を目指す経営体であり，その盛衰が家族の盛衰に
つながる運命共同体である。家族は家の維持繁栄のために滅私奉公し，家 15
の繁栄のための犠牲となることもある。［シェア・新規事業の拡大，企業
規模別賃金，会社人間，無限定職務・無制限労働時間，不要労働力排除の
システム，企業買収はタブー］
②成員
　家の成員は家族・非家族によりなる。家族は家の繁栄をわが繁栄とする 20
が，非家族は長期・短期において家経営体に参加しながら，家族としての
処遇を受けない。［多就業形態，社員従業員・非社員従業員］
③構造
　家は維持繁栄のため家長を必要とする。家督を相続した家長は，家産と
家族を統督して家業を営み，家名を高める。家が拡大すれば番頭をおいて 25
補佐を受ける。家産は家に属す財産であり，家長は家を繁栄に導く限りに
おいて管理権をもつにすぎない。［欧米とは正反対の日本型株式会社の構
造，社長・取締役・安定株主の独自の性格，事業の維持拡大の手段として
の会社財産］

図表 4-22 家型企業と欧米型企業

(注)「家」型の命令服従関係は「親子関係」(恩情と専制・庇護と統制)。
欧米型の命令服従関係は「契約型」(労使対等,契約の範囲内での命令服従)。

④ 支配

家は親子関係を機軸とする経営体である。親子関係とは本来,血縁関係でなく,支配関係を意味する語であり,その内容は恩情と専制の性格をもつ命令に対する絶対服従と,それへの見返りとしての庇護である。[会社と従業員,上司と部下,親会社・子会社,政府と企業]

⑤ 組織原則

家の組織原則は,階統制と能力主義の二本立てである。家族は,いかなる統に属すかにより異なった処遇を受ける(階統制)。同時に,家の維持繁栄のためには能力主義が不可欠とされる。[学歴・採用形式・性別・国籍等による処遇の違い,厳しい人事考課,生き残りをかけた熾烈な競争]

⑥ 訓育

家は家族に対して,家の一員としての規範を与え,家業を営むことができるように躾けと訓育を施す。[企業内教育訓練]

⑦ アイデンティティ

家は維持繁栄のための精神的支柱として家憲・家訓をもうけ,そこに家風が形成される。[社是・社訓・社風]

⑧ 発展形態

家は繁栄すると家産を家族に分け,新しい家をおこす(本家・分家・別家的展開)。それまで無縁の家も強力な家を頼り,寄親・寄子の関係をなす。かくして,家は同族団を形成する。本家と分家・別家間には親子関係が存在する。[企業集団・企業系列]

⑨ 組織意識

運命共同体としての家はウチとソトの意識を生む。家は維持繁栄の度合いに応じて格付けされ(家格),それに応じて規制される(格と分)。[所

属意識，会社の格・従業員の格]

⑩ 行動規範

　運命共同体としての家は，滅私奉公を行動規範とする。家の維持繁栄の
ための滅私奉公は家族にとって美と倫理であり，それは利と論理にも重な
る。職位が高いほど，より厳しい滅私奉公が求められる。

図表 4-23　家の論理と日本的経営

	家の論理	日本的経営
① 目　的	維持繁栄 家＝運命共同体 （家の繁栄→家族の 繁栄）	1) シェア・新規事業の拡大 2) 企業規模別賃金 　（会社の繁栄→従業員の利益） 3) 会社人間・無制限労働・不要労働 　力排除のシステム 4) 企業買収はタブー
② 成　員	家族（直系・傍系） と非家族	多就業形態（社員従業員と非社員従業員）
③ 構　造	家長・家産・家族 家業・家名	1) 欧米とは正反対の株式会社の構造 2) 社長・取締役の独自の性格 3) 事業の維持・拡大の手段としての 　会社財産
④ 支　配	親子関係（恩情と専 制，庇護と統制）	1) 会社と従業員，上司と部下 2) 企業間（親会社・子会社） 3) 政府と企業
⑤ 組織原則	階統制と能力主義	1) 学歴・採用形式・性別・国籍等に 　よる処遇の差異 2) 生き残りを賭けた熾烈な競争
⑥ 訓　育	躾（しつけ）と訓育	企業内教育訓練
⑦ アイデンティティ	家憲・家訓・家風	社是・社訓・社風
⑧ 発展形態	本家・分家・別家的 展開　同族団の形成	企業集団・企業系列
⑨ 組織意識	ウチとソト，格と分	運命共同体としての意識，会社の格・ 従業員の格
⑩ 行動規範	滅私奉公	会社の維持繁栄のための社長・社員の 無制限労働時間，無限定職務 低い経営者報酬，労働分配率

3　日本的経営のゆくえ

a．変革を迫られる日本的経営

　以上，わが国の経営の独自の人事システムと企業様式，さらには
それによりもたらされた企業行動の特質について述べてきた。日本
的経営とは何か。**企業の維持発展そのものを第一目標とし，その観
点からあらゆるシステムを構築・再構築**するのが日本的経営である
といってよい。家（本章コラム）としての性格と構造をもつ日本的
経営により，わが国企業は世界でもっとも優秀で高いパフォーマン
スをあげていると賞賛され，1980年代には経済大国を実現する原
動力となった。

　しかし，その一方で，日本的経営はその強さの独自性ゆえに欧米
からは異質，アンフェアとみられ，市場開放・構造改革が迫られ
た。国内では，「会社中心主義」「会社人間」という否定的な言葉が
生まれ，過労死・サービス残業が社会問題化するなど，会社の繁栄
をわが繁栄・喜びとして働くことに懐疑的・否定的な見方が広がっ
た。GNP第二位の豊かさと戦後日本の民主化・個人主義化の流れ
の中で，家（＝会社）への「滅私奉公」が懐疑・否定されるように
なったのである。

　その後，90年代のバブル経済崩壊により大きな転換点を迎えた
日本経済は，失われた10年，失われた20年とよばれる低迷期に突
入した。さらに，今世紀を迎えてからの急速なグローバル化とIT
化のうねりの中で到来した世界単一市場のメガ・コンペティショ
ン，「9.11」「3.11」以降の政治・経済・社会の激変，そして「資本
主義の終焉」が叫ばれる中で，日本企業の環境はますます激化の一
途をたどっている。少子高齢化が進行し，国内市場の縮小や労働力
不足が課題となる中で，働き方改革やブラック企業が社会問題化す
る現実もある。そうしたなかで，かつて優秀な経営システムとして
賛美された日本的経営は疑問視され，その点での変革も叫ばれるよ

うになった。日本的経営は揺らいでいる。果たして日本的経営は限界を迎えたのであろうか。バブル崩壊以降，日本的経営の何が変わり，何が維持されているだろうか。

b．バブル経済の崩壊と日本型人事システムの改革

バブル経済崩壊以降の長期的な景気の低迷のなかで，新規学卒一括採用を柱とする日本型人事システムは見直しをせまられた。このとき，とくに注目されたのは雇用の流動化と成果主義の導入である。

新規学卒一括採用は，企業規模別賃金と並んで，日本型人事システムを支える2大要因のひとつであった。基幹的な社員要員として，大量の新卒者を一括して採用し，長期的・計画的な企業内教育訓練を施すとともに，定昇制・ローテーション人事・厳しい人事考課のもとで，生き残りをかけた熾烈な競争下におく人事システムによって，日本の大企業は成長をとげてきた。

だが，バブル期に巨額の設備投資を行ってきた企業の多くは，バブル崩壊後，事業の再構築を余儀なくされた。その際，焦点とされたのが企業の固定費として大きな比重を占める人件費の削減である。具体的には，リストラの名のもとに① 中高年の解雇，② 出向・配置転換・転籍による雇用調整，③ 新卒採用の抑制と中途採用の増加，④ 非正規従業員（契約社員・派遣社員・フリーター）の拡大，⑤ 成果主義賃金ないし年俸制の導入がはかられ，人件費の抑制と弾力的な雇用調整・賃金調整の実現が目指された。終身雇用・年功制を日本的経営の特質と捉える古典的な議論に立てば，こうした日本の人事システムの動向（それは雇用の流動化・成果主義の導入として論じられている）は，日本的経営の崩壊ないし変質と把握される。

しかし，わが国で終身雇用的な処遇を受けてきたのは，大企業の

　大卒男子の一部であった。むしろ，市場の動向や個別企業の事情に応じて，【1】一方における① 新規学卒一括採用と他方における② 不要労働力排除のバランスをとるとともに，【2】③ 社員従業員と非社員従業員をかかえる多就業形態によって柔軟な雇用調整を行う
5 ことで，オイル・ショックや急激な円高による経営環境の悪化を乗り越えてきたのが日本的経営であった。その意味では，近年の雇用政策はただちに日本的経営の変質と捉えられるものとはいえないであろう。成果主義そのものも全面的な適用ではなく，その対象も一部の管理職・専門職に限定されているにすぎない。

10 　以上を要するに，バブル崩壊以降の日本的経営における人事施策は，従来の日本型人事システムの慣行を部分的に修正しながらも，基本的には維持するものといってよいであろう。正規従業員を中心とした長期安定雇用が，ある程度は維持されているのである。

　そうはいいながらも，(1)かつて雇用の確保を優先してきた日本
15 企業において，(2)リストラが当たり前のことと見なされるようになったこと，(3)多就業形態はもともと日本的経営の重要な特徴だったとはいえ，今や非正規雇用が全体の3割を超えるほど突出した増加を示していること，そして，(4)人事システムの基本が変わらないにもかかわらず，従業員の報酬のあり方が後述のように大きく変
20 わったことは注意しなければならない。

　c．日本型株式会社とコーポレート・ガバナンス
　株式会社制度本来の株主中心・株式中心の原則を逸脱し，社長中心の構造のもとで，低配当・高内部留保の利益配分政策をとる日本型株式会社の行動も，日本的経営の独自性のひとつであった。近
25 年，株主総会の形骸化，株主利益の軽視，取締役会による社長のチェック機能の欠如，相次ぐ企業の不祥事に対する非難の高まりから，日本型の「社長→取締役会→安定株主」の構造を変革し，企業

統治（コーポレート・ガバナンス）の不在を解消すべしという議論がさかんとなった。株式所有に関しても，日本型株式会社制度を支えてきた安定株主構造も解消の方向に向かった（第2章48頁）。

だが，ここでも議論は容易ではない。日本的経営の問題は，コーポレート・ガバナンスの観点からは「株主優先のガバナンス」対「雇用優先のガバナンス」として論じられる。日本的経営批判論者が主張するのは，大量の余剰人員をかかえながら迅速な対応をしない「終身雇用的」な日本型システムから，レイオフやリストラによって積極的に収益の改善に着手し，株主資本の効率性と株主への利益還元を目指すアメリカ型システムへの転換である。こうした株主重視の経営をグローバル・スタンダードという（ただし，本当に「アメリカ型＝株主重視型」とのみ把握してよいか否かについては議論がある）。他方，日本的経営を擁護する論者は，安定的な人的ネットワークの形成を日本的経営の強みと捉え，長期雇用や人材の育成こそが，企業にとっての重要な戦略であると主張する。

本章で述べてきた終身雇用・年功制の実態や，株式会社制度の本来的原則から逸脱した「株主軽視」の利益配分政策（低配当・高内部留保［高設備投資・高研究開発］）がその実，日本大企業の成長を支えてきたことと，さらに現代大企業はバーリ＝ミーンズやドラッカーがいうように，株主の私有財産から社会的な制度としての性格をもつものに移行していることも，日本企業のガバナンスの問題を考える上で，軽視できないであろう。わが国では，完全にアメリカ型というより，日本独自のガバナンス改革の推進をはかる企業が主流なのである。

だが，バブル崩壊以降の所有構造の転換により，ガバナンスのあり方に変化がみられるのも事実である。戦後の日本企業を支えたのは，株式持合による安定株主構造であった。ところがこれが，バブル崩壊による銀行の不良債権処理の過程で崩れていき，代わって，

外国人株主が無視できない存在となっているのである。外国人による株式所有は，上場企業の株式の3割を超える。こうした中での株主重視のコーポレート・ガバナンス論の台頭により，日本でも「会社は株主のもの」との考えが主流になってきた。

5　その結果として，いわゆるシャンシャン総会が姿を消す一方で，株主価値の向上が経営者に強く求められるようになり，余剰人員を迅速に整理しない経営姿勢が批判され，リストラを積極的に行う企業の株価が上昇するようになったのである。グローバル市場の中で企業が生き残り競争を繰り広げるメガ・コンペティションの時代と
10　なった今日，「株主主権」と「市場主義」が正義とされ，従業員は株主価値の実現と会社の存続のために有効利用すべき人的資源として扱われるようになった。かつてのような，会社という運命共同体の一員（＝家族）としての性格を失ったのである。

d．企業集団・企業系列のゆくえ

15　バブル経済の崩壊は，わが国の企業間関係のあり方にも転換をもたらした。親子関係の企業系列，ワンセット主義の企業集団は，日本独自の企業結合の形態でありながら，わが国大企業の強さの秘密であり，同時に貿易摩擦の要因でもあった。バブル崩壊に先立つ1980年代後半以降の急激な円高への対応と，貿易摩擦解消のため，
20　生産の海外現地化が行われた結果，日本企業の進出先では，従来の系列関係を超えた取引きが組み立てメーカーと下請け部品メーカーの間でみられるようになった。さらにバブル以降の内需の落ち込みは，組立メーカーによる系列部品メーカーの選別・切り捨てを生んだ。企業が中高年のリストラに踏み切って人件費の抑制に努めたよ
25　うに，親会社は子会社を庇護・育成する余力を失ってきたのである。企業によって，系列の見直しを進め，解体といってよい状況にあるケース（日産）もあれば，系列を維持・強化しているケース

（トヨタ）もあるが，全体として，企業一家的な結びつきは弱くなっている。系列のメガ・サプライヤーが，その取引先を世界的な完成車メーカーに分散化している実態もあるのである。

　他方，金融機関においては，六大企業集団の枠を超えた経営統合が相次いだ。まず，2001 年の時点では，(1)三菱系は三菱東京フィナンシャル・グループに，(2)三井系，住友系は三井住友フィナンシャル・グループ，(3)芙蓉系，一勧系は日本興業銀行を含めてみずほフィナンシャル・グループに，(4)三和系は東海銀行を含めて，UFJ ホールディングスとして，それぞれ都銀・信託銀，生保・損保の金融機関をかかえる四大金融グループに再編された。さらに2006 年 1 月には，三菱 UFJ フィナンシャル・グループ［(1) + (4)］が誕生し，三大メガバンク体制となった（第 2 章 37 頁参照）。日本では金融機関が企業に資金を提供する間接金融の比率が多く，特にメインバンクが株式の持合や役員派遣などを通じて重要な役割を果たしてきた。だが，バブル崩壊による多額の不良債権の発生により，銀行の経営は悪化し，間接金融の役割を果たせなくなった。こうした不良債権の処理と，国際的な金融自由化に対応した資金力の強化，業種の垣根を越えた業務展開が，金融業界の再編を生んだのである。

　だが，こうした動きにより，企業集団が，そのまま六大企業集団から四大企業集団，さらには三大企業集団への再編につながったわけではない。三井・住友系において，一方では三井住友海上や三井住友建設が生まれているのに対して，他方では三井化学と住友化学の統合が白紙撤回された。明治生命と安田生命のように，旧東京三菱系とみずほ系の枠を越える経営統合も行われた。そして，企業集団としては，旧六大集団のうち三井・三菱・住友・芙蓉の 4 グループが残り，三和と一勧は実質的に解消したといえる状況にある。他方で，企業集団は今も維持されているとの見方もある。

　そもそも企業集団・企業系列は固定的なものではない。戦前，十大財閥といわれたものが，戦後は旧財閥系の三井・三菱・住友と，銀行系の芙蓉・三和・一勧の六大企業集団に再編され，他方でトヨタ，ホンダ，松下など多くの独立系企業集団（本章でいう企業系列）が急成長したのが，日本の企業グループの状況である（第2章36頁）。むしろ問題は，企業集団におけるワンセット主義，企業系列の親子関係といった日本独自の企業結合様式のもつ特徴が，どこまで保持されるかであろう。

e．日本的経営の現在

　以上の日本的経営のバブル以降の変化を要約すれば，（Ⅰ）人事システムにおいて，正規従業員を中心とした長期安定的雇用がある程度は維持されており，バブル崩壊以降の人事施策は，従来の慣行を部分的に修正しながら，基本的には維持するものとみなせる。これに対して，（Ⅱ）企業の所有構造と企業間の関係は大きく転換しており，前者では株式の相互持ち合いによる安定株主構造の解消，後者では金融機関・企業集団・企業系列の再編・解消の途上にあるということになろう。（Ⅰ）人事施策が従来型の延長線上にあるとはいえ，①リストラが当たり前になったこと，②非正規雇用が突出して増加したこと，③従業員への報酬のあり方が変わったことは，日本的経営の性格を考える際に，決して軽視できるものではない。

　グローバル市場の中で企業が生き残り競争を繰り広げるメガ・コンペティションの時代となった今日，「株主主権」と「市場主義」が正義とされ，従業員は株主価値の実現と会社の存続のために有効利用すべき人的資源として扱われるようになり，「家族」としての性格を失った。会社（家）の繁栄のための滅私奉公的な働き方への長期的なインセンティブとしてあった雇用や昇進・昇級の長期的な

保障は失われ，リストラが通常のものとなった。だが，従業員の無限定職務・無制限労働そのものはなくなっていない。縮小されたとはいえ，日本的経営の根幹である新規学卒一括採用は健在であり，OJT とローテーション人事によりキャリアアップする人事システムは，まったくといっていいほど変わっていないのに，滅私奉公的な働き方はそのままなのである。そこに，長時間労働や過労死・過労自殺が社会問題化し，ブラック企業という言葉が生まれた背景がある。そして，非正規雇用の増大は，社会に大きなひずみをもたらさずにはいられない。かつて信じられていた「会社の繁栄＝従業員の繁栄，社会の発展」の関係が成り立たなくなっているのである。

　グローバリズムの進展や少子高齢化・労働力の逼迫への対応という点で，日本企業のこれまでの採用のあり方（新規学卒一括採用）や働き方が見直されざるをえないのは確かである。だが，日本的経営の現状と展望をどう考えるかは，日本の企業経営や日本人の生き方そのものの根本にかかわる問題である。日本的経営はどこにいくのか。個人・企業・社会の良好な関係を実現する経営のあり方とは，いかなるものか。さらに問い続けていかねばならないであろう。

●日本的経営の原理・構造・制度・慣行，日本的経営と日本社会
A. 日本的経営の原理と構造

　制度や慣行だけを問題とすれば，日本的経営は不変ではない。日本的経営の3本柱の第一とされてきた終身雇用は高度経済成長期の一時的な現象といわれる。わが国における資本制生産の生成期＝明治期には想像を絶する労働力移動があったし，新規学卒一括採用や年齢・勤続年数によって昇進・昇給する年功制，手厚い福利厚生などの日本型人事システムの諸制度の多くが形成されたのは，準戦時体制・戦時体制下に制定された国家総動員の諸立法のもとであった。企業別労働組合の成立も戦後のことである。

本節でみてきた日本型人事システムや，日本型株式会社制度，日本型企業結合様式の最近の動向も，それだけで日本的経営の変容とは即断できない。

　日本的経営の変容・崩壊を問題にするなら，制度・慣行よりも，その**原理と構造に注目**しなければならない。**日本的経営の原理は**，経営体そのものの**維持繁栄**である。維持繁栄の観点から，あらゆるシステムを構築・再構築する点に日本的経営の特徴があり，それが日本企業の強みでもある。その観点に立てば，バブル崩壊後の人事システムと企業様式の動向は，決して日本的経営の崩壊ではない。むしろ，日本的経営の原理にもとづいた改革が目指されたのである。ミレニアム前後からの急速なグローバル化とIT化への対応も，この原理によりなされた。

　それでは，日本的経営の本質はまったく変わっていないといえるであろうか。ここで注目しなければならないのが，**日本的経営の構造**の問題である。構造とは要素と要素の関係性である。日本的経営の構造は**親子関係＝恩情と専制の関係**であり，この構造が，企業間にあってはダイナミックな協働関係を実現するとともに，企業内では安定的な人的ネットワークの形成によりイノベーション創出の基盤を与えている。近年の雇用の流動化と成果主義の導入を，従来の多就業形態と不要労働力排除の延長線とみるのか，日本的経営の崩壊とみるかは，ひとつには日本企業が親子関係を基軸とした家であり続けているか否かによって判断されよう。同様に，企業系列においては，下請け企業に対する恩情がなくなり，専制ばかりが横行して，親だけが肥え太るような事態が生じるなら，それは子の存立を危うくする。

　バブル以降の激しい経営環境の変化に対して，日本的経営は，原理レベルでは企業維持原則の一層の徹底がなされたが，その過程で生じたリストラ，非正規従業員の拡大，系列の切り捨ては親子関係を否定し崩壊させ，企業に家的性格を失わせ，従業員の家族意識の希薄化をもたらした。親子関係の一側面として，専制や絶対服従はある。だが，他方の恩情や庇護・育成を欠いては親子関係ではない。親子関係が脆弱化することで，企業という家の成員間・組織間の安定的なネットワークが失われ，一方では，イノベーション創出の基礎が崩され，技術の継承や発展が危機に瀕するとともに，他方では，運命共同体の一員として会社のために滅私奉公する基盤

が消失する。日本人にとって，美と倫理であった滅私奉公が，今や企業に
おいては利と論理と化している。そして，現代日本企業において，会社の
繁栄による利を，わが繁栄として享受できるのは社員従業員の一部のみに
過ぎない。

B. 日本的経営と日本社会

　日本は企業＝家を構成要素とする家社会として，戦後の復興と経済成長
を遂げてきた。各企業の維持繁栄がそのまま，一方における社員の繁栄
と，他方における経済・社会の繁栄となってきた。それが，バブル期の地
価高騰や単身赴任・過労死の問題に代表されるように，会社の繁栄が，そ
のまま個人や社会の繁栄に結びつかなくなり，さらに1990年代以降の規
制緩和も含め，日本社会と日本企業は，フリーターやニート，高齢者の切
り捨てを生み，ワーキングプアやホームレスに象徴される格差社会を生ん
だ。リーマンショックに端を発した世界同時不況が，日本ではすさまじい
派遣切りの現実をもたらしたことも，本章の論旨からすれば驚くことでは
ない。維持繁栄の観点から，日本的経営の原理に立脚した企業存続のため
の行動が，当然のことのようになされたのである。だが，そうした企業の
維持繁栄のための戦略は，従業員の犠牲の上に立つものであり，長期的に
は，日本経済・日本社会にとって，重大なマイナスになるといえよう。

　バブル経済崩壊以降，日本的経営は経営環境の悪化に適応できない非効
率なものと考えられ，その改革が叫ばれてきた。しかし，実態はむしろ逆
である。日本的経営は，維持繁栄の原理にもとづいて，バブル以降の環境
変化に対応するために，あらゆるシステムの構築・再構築に努めてきた。
日本的経営だからこそ，バブル以降の不況下で，企業の存続がはかられ業
績の回復がなされたのである。だが，維持繁栄の追求が，逆に日本的経営
の構造である親子関係の脆弱化をもたらし，日本人と日本社会の現状と将
来に大きな影を落としていることを見逃してはなるまい。

【学習ガイド】

1. 日本的経営のどのような側面が，日本企業の強さの秘密になっ
ているのだろうか。

　① 　人事システムの点ではどうか。

②　株式会社制度の点ではどうか。

③　企業集団・企業系列の点ではどうか。

2．日本的経営が優秀な経営といわれる反面，諸外国から異質とみられたり，貿易摩擦を起こしたりするのはなぜだろうか。「良いものを安く大量に」つくっているだろうか。それともほかに理由があるのだろうか。

3．日本の経営と欧米の経営はそれぞれどのようなメリット・デメリットをもっているだろうか。

①　企業目的の達成にとってはどうか。

②　従業員にとってはどうか。諸君はどちらで働きたいか。

③　社会にとってはどうか。

4．バブル崩壊以降，日本的経営はどのように変わったであろうか。あるいは，変わっていないであろうか。

5．2020 年は「コロナの 1 年」というより，「with コロナ元年」となった。新型コロナ感染症の拡大は，日本的経営と日本人の働き方をどのように変えるであろうか。この問題を考えるためには，何がポイントになるだろうか。

〈参考文献〉
▶入門書
伊丹敬之『人本主義企業』日経ビジネス文庫，2002 年
清水一行『系列』講談社文庫，1995 年
間宏『日本的経営―集団主義経営の功罪』日経新書，1971 年
三戸公『会社ってなんだ』文眞堂選書，1991 年
三戸公『「家」としての日本社会』有斐閣，1994 年
▶学術書
勝部伸夫「日本的経営の現在」『専修ビジネス・レビュー』2019 年，Vol.14，No.1
神林憲雄編『変貌する日本的経営―グローバル市場の進展と日本企業』中央経済社，2013 年
津田眞澂『日本的経営の論理』中央経済社，1977 年
間宏『日本労務管理史研究』お茶の水書房，1978 年
間宏『日本的経営の系譜』文眞堂，1989 年

三戸公『家の論理 1・2』文眞堂，1991 年

三戸浩「ブラック企業と日本的経営」『経営行動研究年報』2016 年

J. C. アベグレン『日本の経営』ダイヤモンド社，1958 年

R. P. ドーア『イギリスの工場・日本の工場』（山之内・永易訳）ちくま学芸文庫（上・
　　下），1973 年

第 5 章

企業経営とグローバル化

この章のポイント

① 現代はヒト，モノ，カネ，情報が国を越えて動く，経済のグローバル化が進展している。

② グローバルな経済活動の中心となっているのが多国籍企業である。

③ 日本は輸出主導の「貿易立国」から「投資立国」へと変化してきている。

④ 日本企業はグローバル競争の中で，積極的な M&A を行っている。

⑤ 日本企業は海外でのビジネスを担うグローバル人材を必要としている。

Ⅰ　経済のグローバル化と日本経済

1　経済のグローバル化とは何か

21 世紀に入り，航空機などの交通手段の普及やインターネット
をはじめとする ICT（Information and Communication Technology,
情報通信技術）の急速な発達によって，世界は益々小さくなってき　5
ている。ビジネスはいうまでもなく，教育や文化の面でも世界との
交流は幅広く，かつ頻繁になされるようになってきた。これまでの
ような自国中心の閉じた発想や行動をしていたのでは，世界の動き
から取り残されてしまう危惧がある。グローバル化には必ずしも良
い面だけがあるわけではないが，今日の社会・経済はグローバルな　10
活動を前提に成立しているといえよう。

では「グローバル化」とは何であろうか。まず言葉としての「グ
ローバル（global）」とは「地球規模の」「世界的規模の」という意
味であり，国を基本単位として諸国と関係することを表す「国際
（international）」よりも広く対象を捉える言葉である。したがって　15
「グローバル化」とは，国境を越えて地球規模でヒト，モノ，カネ，
情報の交流，さらには文化や制度といったものまでも含む多様な交
流がなされることを意味する。こうした動きの背景には，1989 年
のベルリンの壁の崩壊，1991 年のソ連邦の解体による東西冷戦の
終結，そして同じく 90 年代以降のインターネットの商用利用開始　20
による情報通信技術の急速な普及があげられる。つまり政治的対立
で分断されていた世界がひとつになり，安く，早く，簡便に利用で
きる ICT の発達に助けられて，ヒト，モノ，カネ，情報がまさに
グローバルに行き来するようになったのである。とりわけ経済の分
野でのグローバル化のテンポはきわめて早かった。今や単一の　25

　グローバル市場が形成されており，ビジネスは国を越えて世界を相手に行われているといってもよかろう。これを経済のグローバル化という。

　ところで私たちの身近かなレベルでも，経済のグローバル化がかなり進んでいることを実感できる。たとえば，毎日口にしている食べ物や衣類を思い出してみよう。そうした品物の多くは海外で生産され日本に輸入されたものである。しかもその量は年々拡大してきている。私たちは日頃から「チリ産」のお手頃ワインを飲み，「アメリカ産」のオレンジやチェリーといった果物を口にし，「オーストラリア産」の牛肉オージー・ビーフを食べている。そしてファスト・ファッションなら「中国製」や「ベトナム製」は当たり前である。まさに世界各国の商品が周りに溢れるようになっている。しかし，そうした海外製の商品に対して消費者が特別なイメージをもつことはほぼないといってよい。つまり品質さえ問題なければ商品の「国籍」に関係なく消費者は受け入れているのである。もはや自国製品だけに拘る必要はなく，また自国製品に拘ると現在の生活は維持できなくなるというのが実態である。

　このようなモノのグローバル化はいうに及ばず，さらに相手の国で生産と販売を展開するという企業活動そのもののグローバル化が，大きなウエートを占めるようになってきているのが現代社会である。したがって，企業におけるヒト，モノ，カネ，情報といった経営資源は自国だけにとどまらず国境を越えて結び付けられ，単一のグローバル市場において生産と販売が展開されるようになっている。これを企業の側からみたとき経営のグローバル化という。世界の企業を相手に厳しい競争を繰り広げる日本企業にとって，グローバルな視野と幅広い情報をベースにした戦略的なマネジメントによって企業活動を展開していく以外に，生き残る道はないといってもよかろう。

2 経済のグローバル化と日本経済

a. 国際収支の構造

　経済のグローバル化の進展は，輸出や輸入といった海外との貿易が活発になってきていることに端的にあらわれている。**ボーダレス・エコノミー**（国境のない経済）という言葉に象徴されるように，経済活動に国境という壁はすでになくなってきている。貿易を通じてどの国も自国が得意とする分野の原材料や製品を輸出する。とりわけ石油や鉱物資源といった生活や生産を行う上で不可欠な原材料を国内にもたない日本のような無資源国は，海外から原材料を輸入し，それを加工して付加価値のある製品を作り輸出する以外に経済的な発展は望めない。実際にこれまで，日本は貿易を通じて大きな恩恵を受けてきた。

　ところで海外との貿易による一国の収入と支出の状況は国際収支として把握されている。その内訳は，経常収支，金融収支，資本移転等収支などからなる（図表5-1参照）。

　まず，**経常収支**とは，商品やサービスの海外との取引の収支を示すものである。その内容は，① **貿易・サービス収支**，② **第1次所得収支**，③ **第2次所得収支**の3つからなる。①は商品とサービスの輸出入の収支をあらわしている。サービスとは具体的には，輸送・旅行・通信・保険などである。②は雇用者報酬と投資収益（直接投資収益，証券投資収益など）の収支をあらわしている。③は対価を伴わない物資・現金の移転などの収支である。政府の無償資金援助や国際機関への拠出金などがこれにあたる。このなかの①貿易・サービス収支が黒字を計上しているか否かをみると，その国の輸出が順調にいっているかどうかを判断できる。

　次に，**金融収支**とは，資本の輸出入を通じた海外における資産や負債の収支を示すものである。その内容は，① **直接投資**，② **証券投資**，③ **金融派生商品**，④ **その他収支**，⑤ **外貨準備**の5つからな

図表 5-1 国際収支の体系

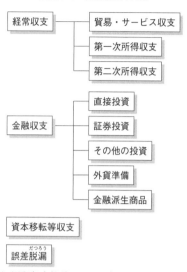

(注) 国際収支統計は，2014 年に IMF 国際収支マ
ニュアル第 6 版に準拠した内容に変更された。
(出所) 著者作成。

　る。① の直接投資は，現地会社の経営に直接参加することを目的
に，株式の取得や工場，設備などの新設，増設に対して資金を出す
ことをいう。② の証券投資は，経営に参加することを目的とせず，
証券の購入による配当や値上がり益を期待した投資のことをいう。
5　③ の金融派生商品は，ほかの金融商品や指数，商品に連動する金
融商品である。④ その他収支は，① ② ③ ⑤ に該当しない金融取
引をいう。⑤ 外貨準備は，通貨当局の管理下にあり，国際収支の
ファイナンスや為替介入のために直ちに利用できる対外資産のこと
をいう。
10　　また**資本移転等収支**とは，対価の受領を伴わない固定資産の提
供，債務免除のほか，非生産・非金融資産の取得処分等の収支を示
すものである。発展途上国の道路や港湾などインフラ整備援助や特

許権・著作権の取引などが該当する。

ｂ．日本の国際収支とその特徴

　戦後のわが国の国際収支はどのような推移を辿ったのであろうか。簡単にまとめると，次のようになろう（図表5-2参照）。まず戦後の数年間は日本経済のどん底で食料などを中心に大幅な輸入超過を余儀なくされた。国際収支の赤字はアメリカの援助で埋め合わされた。その後1950年に勃発した朝鮮戦争による**特需**（特別需要）

図表 5-2　日本の経常収支と金融収支の推移

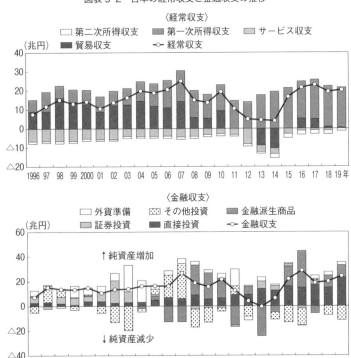

（出所）日本銀行国際局「2019年の国際収支統計および本邦対外資産負債残高」
　　　 2020年。《https://www.boj.or.jp/statistics/br/bop_06/bop2019a.pdf》

は日本経済を好転させ，国際収支は黒字基調に転じるようになった。1960年代に入ると貿易・為替の自由化や資本の自由化（1967年）も実施された。日本は高度経済成長の道をひた走り，競争力のある商品を武器に輸出を急速に伸ばしていった。

5　　しかし，日本経済は2度のオイル・ショックで大きな打撃を受け，73年−75年と79年−80年には経常収支は赤字に転じてしまう。その後，いち早くこの危機を抜け出した日本は再び輸出を軸に成長を続け，経常収支は黒字を維持していった。

　　1980年代の日本の国際収支にみられる大きな特徴は，輸出による経常収支の黒字，これに対する金融収支の赤字という構図である。つまり一方では日本製品が海外へどんどん輸出されると同時に，資本もまた海外へ積極的に投資され日本を出て行ったということである。またここで注目されるのは，日本の経常収支の大幅な黒字が，輸出相手国との間に貿易摩擦という大きな国際問題を生む結果になったことである。たとえば，アメリカとの間では貿易収支の不均衡が政治問題化するに至った。こうした貿易摩擦を生む日本の国際収支のあり方は，海外への資源依存度の高さと，それに連動して輸出依存型にならざるをえない日本経済の特徴を端的に反映したものであった。そこで日本経済を輸出依存型から内需中心へ転換すべきことが強く主張されるようになった。

　　90年代にはいると日本はバブル経済が崩壊し，平成不況に突入する。しかし，円高の進展やそれに伴う積極的な海外現地生産の展開によって，かつてのように輸出にのみ過度に依存することはなくなってきた。貿易の比重はアジアへとシフトしていき，その中身は最終製品ではなく生産財へと変化してきている。日本の経常収支の黒字が政治問題化することはほとんどなくなった。

　　そして2000年代にはいり，日本の国際収支にはこれまでとは明らかに異なる傾向がみられるようになってきた。まず2003年の金

融収支は 34 年ぶりに黒字を記録し，海外から国内への資本の流入が大きくなっていることが明らかになった。また 2005 年には，貿易収支の黒字を第一次所得収支の黒字が初めて上回った。これはすなわち貿易で稼いだ黒字よりも海外での投資による収益の方が大きくなったということである。2008 年のリーマンショックでは貿易額そのものが大きく減少し，さらに 2011 年には歴史的な円高（史上最高値 75 円 32 銭）や海外経済の減速，あるいは東日本大震災の影響で，日本の貿易収支は赤字に転落した。この後も貿易収支は赤字で推移し，2014 年には 10 兆円を超える赤字を記録した。それにもかかわらず日本が経常収支の黒字を維持できたのは，第一次所得収支の黒字が貿易収支の赤字以上に大きかったからである。図表5-3 は 2020 年度の国際収支表であるが，貿易収支の黒字が 3 兆 106

図表 5-3　日本の国際収支

項目	2020 年
経常収支	17 兆 5,347 億円
貿易・サービス収支	−7,250 億円
貿易収支	3 兆 106 億円
輸出	67 兆 3,701 億円
輸入	64 兆 3,595 億円
サービス収支	−3 兆 7,357 億円
第一次所得収支	20 兆 8,090 億円
第二次所得収支	−2 兆 5,492 億円
資本移転等収支	−1,842 億円
金融収支	15 兆 3,955 億円
直接投資	11 兆 2,593 億円
証券投資	4 兆 2,339 億円
金融派生商品	8,662 億円
その他投資	−2 兆 1,618 億円
外貨準備	1 兆 1,980 億円
誤差脱漏	−1 兆 9,551 億円

（出所）財務省「国際収支総括表」をもとに作成。
《https://www.mof.go.jp/international_policy/reference/balance_of_payments/bpnet.htm》（2021 年 4 月 21 日アクセス）

億円なのに対し，第一次所得収支は 20 兆 8,090 億円となっており，日本の経常収支の黒字の大部分は第一次所得収支で占められていることが分かる。なお，第一次所得収支の内訳は，これまで**証券投資収益**が大半を占めていたが，現在は**直接投資収益**が拡大して約半分を占めている。

　国際収支のこうした現状からは，日本が「**貿易立国**」から「**投資立国**」へと転換してきている姿が浮かび上がる。これは日本経済の成熟化を示すものだといってよかろう。

II　企業経営のグローバル化

　古くから海外での経営を積極的に展開してきた有力企業が世界にはたくさんある。そうした企業は多国籍企業とよばれ，今やかなりの数にのぼろうとしている。世界の企業の国際化戦略とは何か。多国籍企業を例にとって，企業の国際化の歴史や背景をみてみよう。

1　多国籍企業の生成と展開

　国境を越えて生産や販売を行うという企業経営のグローバル化が進むなか，そうした国際的な活動を展開する企業を指す言葉として世界企業（world enterprise），地球企業（global company），超国家企業（transnational corporation）といったさまざまな呼称が生まれた。なかでも古くから使われてきたのが多国籍企業（multinational enterprise）というよび方である。この「多国籍」という言葉は，通常，2 つ以上の国にまたがって活動する企業という意味で使われている。しかし，その特徴をより詳しく述べると，**多国籍企業**とは「複数の国に直接投資によって進出し，そこで生産・販売を行い，世界市場という観点から本国本社が経営，コントロールする企業」と定義することができる。

a．多国籍企業の歴史

　海外への直接投資を通じた企業経営は古くから行われてきた。それらも含めて多国籍企業とよぶならば，その歴史は19世紀後半にまでさかのぼることができる。ヨーロッパではイギリスのリーバ・ブラザーズ社（ユニ・リーバ社の前身），スウェーデンのノーベル社，ドイツのジーメンス社，AEG社，フランスのシュネデール社といった企業がこの時期すでに，各国に生産拠点をもっていた。アメリカでもまた石油や鉱物資源を中心に直接投資が幅広くなされており，20世紀初頭までには欧米の企業の多くが海外での生産・販売活動をするようになっていた。

　しかし，今日みられるような製造業を中心とする多国籍企業が本格的に始動し始めたのは，1950年代に入ってからである。とくにアメリカの巨大企業による西ヨーロッパ向けの直接投資が急増するようになったことがそのきっかけであった。1950年代から1960年代にかけて，多国籍企業とは，海外に進出したアメリカ企業を指すものであったといってもよいほどである。事実，1960年代後半における世界の直接投資残高の半分以上を占めていたのはアメリカであった。

　このようにアメリカの多国籍企業にとって1950年代，1960年代はまさに「黄金時代」であったが，1970年代に入ると繁栄を謳歌したアメリカ経済そのものが下り坂へと向かっていくことになった。アメリカにかわって勢力を伸ばしてきたのがヨーロッパと日本の企業である。ヨーロッパの巨大企業，たとえばイギリスのICI社（化学），オランダのフィリップス社，ドイツのジーメンス社，バイエル社，スイスのネッスル社といった有力企業は，1970年代になるとアメリカへの直接投資を増大させ生産拠点を築いていった。また日本企業も海外進出を本格化させていった。ソニー，松下電器（現パナソニック），ホンダ技研といった企業は海外でも有名な日本

図表 5-4　世界の直接投資上位 10 カ国・地域

(単位：100 万ドル)

	対内直接投資				対外直接投資			
	2004 年		2019 年		2004 年		2019 年	
1	米国	106,832	米国	246,215	米国	252,012	日本	226,648
2	英国	78,454	中国	141,225	英国	65,436	米国	124,899
3	ルクセンブルク	57,034	シンガポール	92,081	ルクセンブルク	59,045	オランダ	124,652
4	中国	54,936	オランダ	84,216	フランス	47,830	中国	117,120
5	オーストラリア	42,221	アイルランド	78,234	カナダ	47,446	ドイツ	98,700
6	ベルギー	34,387	ブラジル	71,989	スペイン	42,000	カナダ	76,602
7	香港	34,035	香港	68,379	香港	39,753	香港	59,279
8	フランス	24,332	英国	59,137	日本	30,955	フランス	38,663
9	ブラジル	18,166	インド	50,553	ベルギー	26,141	韓国	35,531
10	イタリア	16,825	カナダ	50,332	スイス	25,220	シンガポール	33,283

(注)　カリブ地域の金融センターを除く。
(資料)　UNCTAD から作成。
(出所)　JETRO「ジェトロ世界貿易投資報告 2020 年版」。
　　　　《https://www.jetro.go.jp/ext_images/world/gtir/2020/no2.pdf》

企業である。1980 年代を通じて日米欧の多国籍企業は相手市場へ積極的に進出した。

　そして今日，先進諸国の多国籍企業は，相互に激しい競争を行いながら，特定地域への進出ではなくまさにグローバルな広がりをもってその企業活動を展開するようになっているといってよいであろう（図表 5-4 参照）。

b．多国籍企業成立の要因

　企業はなぜ多国籍化するのか。あるいは企業が海外に進出してグローバルな経営を展開する積極的な理由はどこにあるのであろうか。

　企業のグローバル化の動機としては，次のような理由があげられよう。

⑴　海外のマーケットの獲得

　国内の市場だけでは十分な利益が上がらなかったり（市場の狭隘性），ライバル企業との間の競争の激化，相手国や地域の輸出入規制に対応しようとするための海外進出である。

⑵　安価な経営資源の獲得

　原材料，部品，労働力といった経営資源を自国よりも低コストで調達することを目的とする海外進出である。賃金の安い発展途上国への工場移転等が代表的な例である。

⑶　情報（技術，金融，マーケティング）の収集

　情報のもつ価値がますます重みをもつようになり，現地でのさまざまな情報収集が企業経営を左右するほどになってきている。

⑷　租税の回避

　タックス・ヘイブン^{Tax Haven}とよばれる税制上の優遇措置を採る国・地域へ進出することで（ペーパーカンパニーであることが多い），企業は税負担を軽減することができる。ケイマン諸島，バハマ，バミューダ諸島などが有名である。

⑸　貿易摩擦の回避

　輸出によって相手国の産業や経済が打撃を受ければ，貿易摩擦が生じる。これを回避するために，現地での生産や販売に直接乗り出さざるをえなくなる。

２　海外進出の方法

　企業が海外に進出し，多国籍企業として事業を展開する方法は，大きく３つのパターンがある。

⑴　完全所有子会社

　企業が海外に単独で進出して，現地法人を設立する場合である。この形態のメリットは，本国の親会社が海外子会社を100％所有しているため，完全にコントロールすることができる点にある。親会

社が利益を独占することは勿論のこと，自由に経営を行うことができ，しかも経営のノウハウや技術等を本国から移転することにも問題が生じないというメリットがある。アメリカの多国籍企業はこの方式での海外進出が多い。

しかし，この形態は多くの経営資源を投入する必要があることから，失敗した時のリスクが大きい。また現地のナショナリズムを刺激して反発や批判が出される可能性も否定できない。

⑵　合弁事業

現地企業と共同して出資して，現地法人を設立する場合である。出資比率によって過半数所有と少数所有に分けられる。合弁事業のメリットは，パートナーとして現地企業がいるため，経営資源や情報などに関して提供を受けることができ，中小企業でも比較的容易に資本参加ができる。リスクも相対的に少なく，また現地での反発もあまり受けなくてすむ。日本の中小企業の多くがこの方式での進出を行っている。しかし，単独進出の場合とは逆に，経営の自由裁量に制限があったり，パートナーとの間での利害対立が生ずるといった可能性も否定できない。

⑶　現地企業のM&A

新たに現地法人を設立する手間を省き，現地企業を合併あるいは買収することで事業を始める方法である。既存の経営資源をそのまま使えるので即効性がある。日本企業による海外企業に対するM&Aは，バブル期に盛り上がり，1990年には459件を記録した。89年のソニーのコロンビア映画買収，松下電器（現パナソニック）のMCA買収，三菱地所のロックフェラーセンター買収，88年のブリヂストンのファイアーストン買収など，「米国買い」が大きな話題を呼んだ。その後，20年ほど経った2011年にはそれに迫る457件となり，対外M&Aの件数は上昇してきている。そして2019年の対外M&Aは1,488億ドルに上り，その数は700件と過

去最高を記録した（図表5-5参照）。これはグローバル競争の激化を背景とした，積極的な事業拡大のためのM&Aと考えられる。とくに日本企業には潤沢な内部留保があることと，円高がそれを後押ししている。これまで最大のM&A案件は2019年の武田薬品工業によるアイルランドの医薬品シャイアー社の買収である。768億ドル（約6.2兆円）という巨額な買収案件となった。これに次ぐのは，2016年のソフトバンクグループによるイギリスのアーム社買収308億ドル（約3.3兆円，ただし2020年に4.2兆円でアメリカのエヌビディア社に売却），2020年のセブン&アイ・ホールディングスによるアメリカのコンビニエンスストア併設型ガソリンスタンドである「スピードウェイ」買収210億ドル（約2.2兆円），2006年

図表 5-5　日本の対外 M&A 金額，件数の推移

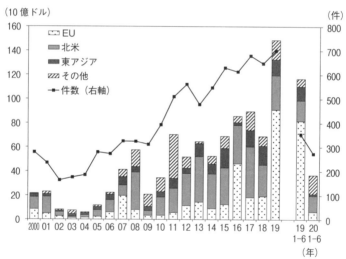

（注）1. 東アジアは中国，韓国，台湾，ASEAN の合計。
　　　2. 2020 年類型の EU は 27 カ国ベース。
（資料）トムソン・ワン（Refinitiv）から作成（2020 年 7 月 3 日時点）。
（出所）「ジェトロ世界貿易投資報告 2020 年版」。
　　　《https://www.jetro.go.jp/ext_images/world/gtir/2020/no2.pdf》

の日本たばこ産業（JT）による英たばこ大手ギャラハー社買収188億ドル（約2.25兆円）となっている。

Ⅲ　日本企業とグローバル化

1　日本企業のグローバル化戦略

5　戦後の日本企業の特徴のひとつは，輸出を国際戦略の基本に据えていたことである。日本は輸出によって経済成長を遂げたといってもよい。しかし，貿易摩擦などにみられるような経済環境の変化によって，輸出中心だった日本企業は戦略の変更を迫られることになった。はたして日本企業の行動様式はどのように変わったのであ

10　ろうか。

a．日本企業と輸出

輸出にはいくつかのタイプが考えられる。自社の商品をそのブランド名のまま輸出する方法と，相手先のブランド名に変えて輸出するOEM輸出＝Original Equipment Manufacturingという方法が

15　ある。また，輸出商品の海外での流通・販売の面からみて，自社で行う場合を直接輸出といい，他方，商社など外部のチャンネルに依存する場合を間接輸出という。

ところで，戦後貿易立国として再生しようとしたわが国は，輸出に大きく依存することになった（図表5-6参照）。戦後しばらくは，

20　戦前からの輸出の主流品だった繊維製品が輸出品目の上位を占めた。しかし，輸出の主力は軽工業品から重工業品へと比重を移していき，1973年（昭和48年）のわが国の輸出（金額ベース）のトップ3は1．鉄鋼，2．船舶，3．自動車で，これらが当時の輸出御三家であった。このほか，家電，工作機械，精密器機も1960年代後

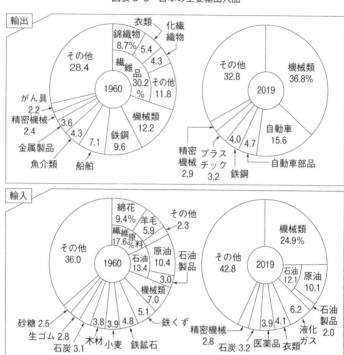

図表 5-6　日本の主要輸出入品

(注) 財務省「貿易統計」により作成。1960年は経済産業省「通商白書」(1961
　　年各論)によるドル建てを360円で編者換算。
(出所) 矢野恒太記念会『日本国勢図会 2020/2021』2020年。

半から輸出額を増やしていった。またその際の輸出の特徴は，商社
などを介在させていたこれまでの間接輸出から，メーカー自らが販
売に乗り出す直接輸出へと大きく方向転換したことである。自動
車，家電などの業界は各社とも輸出部門をもち，海外に販売子会社
などを設立し，さまざまなマーケティング活動を通じて積極的に輸
出を行った。日本の高度成長と歩調を合わせて，輸出も急速に伸び
ていった。

　かつての「安かろう悪かろう」という日本製品に対するイメージ

は大きく変化し,「Made In Japan」の表示は,「安くて,丈夫で,高品質」を示すブランドとして海外で高い評価を得るようになった。こうして日本企業は価格,品質で競争力のある商品を海外市場に大量に投入し,市場に密着したマーケティングで輸出実績を大きく伸張させた。たとえば,日本製品の中で輸出依存度(92年度)が高かったのは① ビデオテープレコーダー(95.6%),② 時計(87.6%),③ 船舶(82.9%),④ カメラ(80.0%)といった商品で,実に80%以上を海外に輸出していた。また金額でみると(93年度),① 機械類(46.3%),② 自動車(16.3)が輸出商品の中で大きな比重を占めていた。こうした商品の輸出によって,世界貿易に占める日本の輸出割合は,91年度には9.1%にのぼった。つまり日本だけで世界貿易の約1割を占めていたのである。

　しかし,80年代以降90年代にかけて日本の輸出構造にも徐々に変化がみられるようになる。まず,貿易摩擦や円高といった為替問題を契機として,日本は輸出主導から内需主導の経済へと転換することを強く求められた。すなわち輸出一辺倒からの脱却である。輸出の伸びは鈍化し,輸出する商品の中身も従来の消費財中心から生産財・資本財中心へと転換していった。輸出に占める資本財の比率は80年には40%であったが,90年代には60%台へと大きく上昇してきている。貿易相手国もアメリカやEUの割合が低下ないし横這いなのに対し,中国をはじめとする東アジアが大きな比重を占めるようになってきた。同時に,日本は欧米そしてアジアから最終製品を大量に輸入するようになっている。すなわち日本の貿易はかつての一次産品を輸入してそれを製品化して輸出する加工貿易型から,いまやアジアを中心とした水平分業型へと変化してきているのである。

　なお,日本の最大の貿易相手国は長年アメリカであったが,2004年にはアメリカにかわって中国がその地位についた。今や中国は日

本にとって重要な経済的パートナーとなっている。図表5-7と図表5-8は世界の輸出貿易の近年の状況を示したものであるが，ここでも貿易における中国の台頭が目をひく結果となっている。

図表5-7　地域・国別の世界輸出貿易（2017年）

総額 17兆2591億ドル	EU 33.4%						ASEAN・アジアNIEs 15.6	NAFTA 13.8		中国 13.2	日本 4.0	その他 20.0
	ドイツ 8.4%	フランス 3.1	オランダ 3.1	イタリア 3.0	イギリス 2.5	その他 13.3%		アメリカ合衆国 9.0	その他 4.8			

0%　10　20　30　40　50　60　70　80　90　100

（原資料）国連調べ。EU（ヨーロッパ連合）は28か国。NAFTA（北米自由貿易協定）はアメリカ合衆国，メキシコ，カナダの3か国。ASEAN（東南アジア諸国連合）は，インドネシア，マレーシア，フィリピン，タイ，シンガポール，ベトナム，ラオス，カンボジア，ブルネイの9か国。アジアNIEs（新興工業経済群）は，韓国，台湾，香港。中国には香港，マカオを含まない。

（出所）矢野恒太記念会『日本のすがた2020』2020年。

図表5-8　世界の輸出貿易に占める主要国の割合

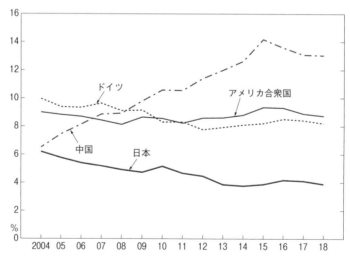

（注）IMF Data, Direction of Trade Statisticsにより作成。貿易総額上位4カ国。
（出所）矢野恒太記念会『日本国勢図会2020/2021』2020年。

ｂ．日本企業と海外直接投資

　輸出とならんで企業の国際化の有力な方法が海外直接投資である。わが国では 1951 年（昭和 26 年）から海外への直接投資が再開された。当初は毎年数億ドル規模の投資がなされ，4 大プロジェクト（アラスカ・パルプ 53 年，ウジミナス製鉄所 58 年，アラビア石油 58 年，北スマトラ石油 66 年）に代表されるような政府による資源の安定的確保を目的とした投資が主だった。企業の対外直接投資が活発化するのは，1970 年代に入ってからである。政府による投資自由化措置がそれに拍車をかけた。こうした日本企業の進出先は，アジア NIES（新興工業経済群＝韓国，台湾，香港，シンガポール），ASEAN（東南アジア諸国連合）といった当時の発展途上の地域が中心だった。その主な目的は，これらの諸国に直接進出することで輸出市場を確保することにあった。いわば輸出促進型の投資だったといってよい。この時期はアメリカなど先進国への進出はまだ少なく，その後 1970 年代後半になって日本企業による欧米への本格的な投資がなされるようになる。

　ところで，わが国企業の海外直接投資の動向に決定的な影響を与えたのは為替変動である。戦後長く続いた 1 ドル＝360 円の固定相場制は，企業にとっては輸出がしやすく好都合であった。しかし，71 年のニクソン・ショックで円は 1 ドル＝308 円に切り上げられ，さらに 1973 年には為替は変動相場制へと移行する。円高は輸出企業にとっては死活問題である。とりわけ 1985 年のプラザ合意（ニューヨークのプラザ・ホテルで開かれた G5 で合意）を契機に，円高はさらに一段と加速した。1 ドルが 100 円台にまで上昇した急激な円高によって，輸出関連の企業は大きな打撃を受けることになった。その後も円高基調は続き，1995 年 4 月には，円は一時 1 ドル＝79 円 75 銭の最高値をつけた。

　円高は当然のことながら原材料の輸入コストを下げプラスにも働

くが，逆に輸出を難しくする。何故ならば，価格 1,000 円の商品は，
1 ドル＝200 円の時は海外で 5 ドルで販売できるが，円高で 1 ドル
＝100 円になれば同じ商品を 10 ドルで販売しなければならなくな
るからである。一般的に，円高になれば日本からの輸出価格を値上
げせざるをえない。それを避けようとすれば，企業の合理化努力に　5
よって商品コストそのものを削るか，付加価値が高く競争力のある
ほかの商品に輸出品目をシフトさせて行くかである。しかし，そう
した円高対策には限界がある。

　急激な為替の変動（円高）は日本企業の輸出競争力を低下させ
た。国内での対応が限界に達した企業は生き残りをかけて工場を海　10
外に移転せざるをえなくなる。したがって，80 年代後半からの急
激な円高によって日本企業の**海外進出**（直接投資）は急速に増えて
いった。図表 5-9 は製造業の海外生産比率を示したものであるが，
現在では海外のウェートが次第に大きくなってきていることが分か
る。また図表 5-10 の全産業の売上高の数字からもそれはみてとれ　15

図表 5-9　海外生産比率の推移（製造業）

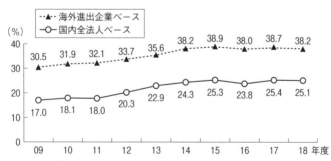

（注）国内全法人ベースの海外生産比率＝現地法人（製造業）売上高／（現地法人
　　　（製造業）売上高＋国内法人（製造業）売上高）×100.0
　　　海外進出企業ベースの海外生産比率＝現地法人（製造業）売上高／（現地法
　　　人（製造業）売上高＋本社企業（製造業）売上高）×100.0
（出所）経済産業省「第 49 回 海外事業活動基本調査概要」2020 年。
　　《https://www.meti.go.jp/press/2020/05/20200527002/20200527002-1.pdf》

図表 5-10　海外現地法人の売上高の推移

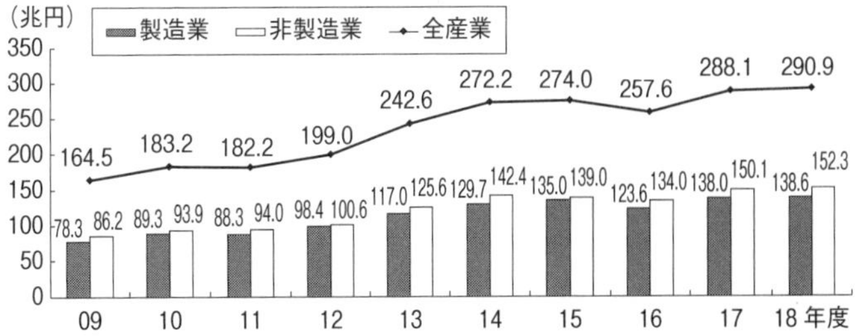

（出所）経済産業省「第 49 回 海外事業活動基本調査概要」2020 年。
《https://www.meti.go.jp/press/2020/05/20200527002/20200527002-1.pdf》

る。こうした日本企業の積極的な海外進出に伴って，国内の産業空
洞化を懸念する声も聞かれる。

　ところで日本の直接投資はすでに指摘したように 80 年代後半に
急速に拡大したが，逆に 90 年代の前半には落ち込んだ。これは，
バブル経済の崩壊による日本経済の長期の低迷が影響したものだと
みてよい。しかし 2000 年代に入ると対外直接投資は右肩上りで増
大していった。そして 2019 年の投資額は 2,487 億ドル（国際収支
ベース，ネット，フロー）を記録した。これは日本企業が対外
M&A を活発化させていることが背景としてある。少子高齢化が進
む日本にしがみついているだけではなく，海外の市場を積極的に取
り込んでいこうとするものである。

　投資先を地域別にみると，80 年代後半から 90 年代前半にかけて
アメリカへの直接投資が圧倒的に大きかったのに対し，90 年代に
は日本企業はアジアへの投資を活発化させてきており，さらに現在
では中国への投資が大きな比重を占めるようになってきている。こ
うした日本企業のアジアへの生産シフトはいまや単に為替問題への
対応というよりは，経済のグローバル化の進展とその中での生き残
りをかけて，日本企業がアジアを戦略的な拠点と位置づけている結

図表 5-11　日本の対外直接投資残高推移

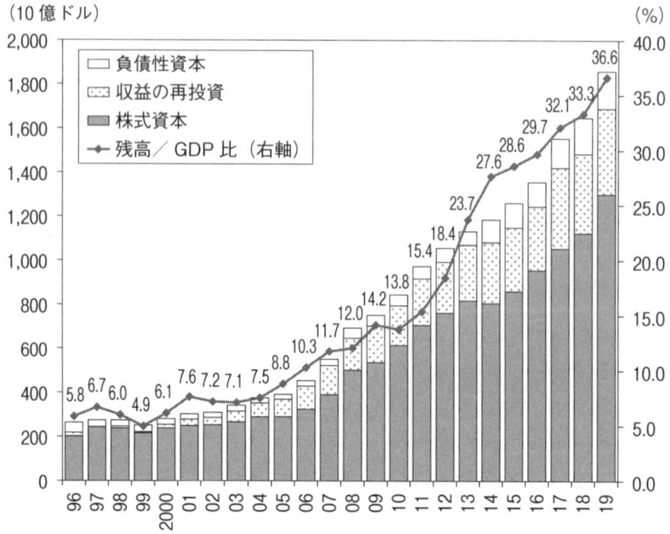

（注）BPM6 基準。
（資料）「本邦対外資産負債残高」（財務省，日本銀行），内閣府統計から作成。
（出所）「ジェトロ世界貿易投資報告 2020 年版」。
《https://www.jetro.go.jp/ext_images/world/gtir/2020/no2.pdf》

果だということができよう。

2　貿易摩擦への対応

a．日本の貿易摩擦とその背景

　日本企業が成功したのは，欧米企業に「追いつき追い越せ」を目標に，「安くて，丈夫で，高品質」の商品を生産し，海外の市場に投入したことである。安くて，品質のよい日本製品はよく売れた。輸出に有利な為替相場もそれを後押しした。しかし，商品が売れた一方で，輸出先の国々との間で深刻な貿易摩擦が生じることになった。その最大の理由は，集中豪雨型とよばれる日本企業の輸出のや

り方にあった。とりわけ日本企業は**マーケット・シェア**の獲得を重
視しているため，時には短期的な採算を無視したダンピングまがい
の輸出さえ行った。いくら安くてよい商品だからといって，相手国
の企業や経済が大きな打撃を受けるほどの輸出攻勢は経済摩擦に発
5　展せざるをえない。

　　日本の輸出をめぐって，欧米諸国との間で貿易摩擦が激しくなっ
ていった。摩擦の対象品目となったのは，最初は繊維産業である。
そして 1960 年代には鉄鋼，1970 年代には工作機械，そして 1980
年代には自動車へと広がっていった。1981 年にはアメリカ向け自
10　動車輸出の自主規制が発動され，輸出数量に枠がはめられるように
なった。さらに，摩擦品目は半導体にまで拡大した。

b．貿易摩擦の回避と海外進出

　　日本の貿易摩擦が海外への**集中豪雨型輸出**と，それに伴う大幅な
貿易黒字の累積にあったことはすでにみた通りである。これが各国
15　からの批判の対象とされた。こうした摩擦を回避するには，輸出と
輸入の両面での対応が考えられる。

　　まず輸出では，主な**摩擦回避策**として，① **自主規制**，② **ノック
ダウン輸出**，③ **現地生産**などがあげられる。① は輸出数量を自主
的に規制するものである。日本の工作機械，自動車などの業界は，
20　実際にこのやり方を採らざるをえなかった。② は部品を輸出して
現地で組み立てるものである。しかし，これは輸出の変形であり，
根本的な解決にはならない。③ は海外に子会社を作り，現地で人
材や部品，原材料を調達して，生産を行うものである。

　　貿易摩擦が深刻化すると，結局，現地生産に切り替えていかざる
25　をえなくなる。すでに述べたように，日本の輸出産業の場合，1980
年代後半からの急激な円高の影響で，生き残りをかけた製造業の海
外進出が増加した。たとえば，対アメリカ向け自主規制を強いられ

てきた自動車業界は，1980年代にどのメーカーもアメリカでの現地生産を行うようになった。しかもローカル・コンテント法などによって，部品の現地調達の基準をクリアーすることも義務づけられていた。したがって自動車企業の中には部品の現地調達率（1995年）が80％を超えた企業もあり，摩擦の解消には企業の真の現地化が不可欠である。製造業の現地法人の調達先をみると，2018年度の現地・域内調達比率はアジア74.5％（現地65.1％，域内9.3％），ヨーロッパ71.4％（現地42.3％，域内29.2％），北米66.9％（現地59.4％，域内7.5％）となっており，アジアでの現地・域内調達の比率が高くなっている（経産省「第49回 海外事業活動基本調査概要」2019年）。

　また他方，輸入に関しては，海外の製品を輸入しやすくするように関税，輸入割当の軽減，撤廃などを通じた自国の市場の開放がなされねばならない。輸入商品が安く販売されることは，一般的には消費者には歓迎されることであり，しかも輸入の増加は貿易黒字の縮小にも貢献する。かつてわが国では，同じ商品を海外で買うよりも，国内の方が割高だという内外価格差問題などが指摘された時期があったが，規制の撤廃などにより，アジアをはじめとする各国から多くの安価な商品が輸入されるようになっている。

　貿易摩擦は工業製品だけではなく農産物などをめぐってもしばしば問題となり，どの国との間でもいつでも摩擦は起こりうる可能性がある。しかし，日本の場合，かつてのようにアメリカとの間で激しい貿易摩擦が起こることは近年なくなった。日本の対米貿易黒字はなくなったわけではないが，少なくとも大きく増加する傾向にはないからである（図表5-12参照）。アメリカは中国との間で巨額の貿易不均衡が生じており，トランプ政権下（2017年〜2021年）では米中経済摩擦による対立が激しくなり，保護主義的な貿易政策は世界経済にも少なからぬ影響を与えている。

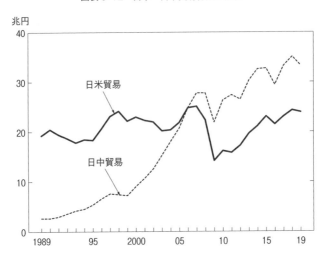

図表 5-12　日中・日米貿易総額の推移

（注）財務省「貿易統計」により作成。輸出入額の合計。
（出所）矢野恒太記念会『日本国勢図会 2020/2021』2020 年。

Ⅳ　グローバル企業の組織と管理

　企業が海外で生産を展開するようになると，国内で活動していた場合とは異なるさまざまな課題に直面する。それを組織と人事・管理の面からみてみよう。

5　1　グローバル企業の組織

　企業は環境に適応して組織を変革する。企業が国際化すれば，それに対応した企業組織が必要となってくる。輸出にはじまって，海外での現地生産へと事業が展開していくと，企業組織もそれに適合する形態に変化する。企業が輸出指向の段階では，輸出部といわれ
10　る一部門が関連のさまざまな業務を担当する。しかし，本格的な海

外進出をしようとすると，海外での業務を統括する新たな組織が編成されなければならない。輸出，海外生産などの事業を一元的に管理する国際事業部の設立である。国際事業部は海外生産が中心になってくると各地域別に編成され，それぞれが製造と販売を担う一体化した組織となる。

　次に，海外での生産が軌道にのって，その規模が国内での生産・販売にも匹敵するようになると，従来の国際事業部から地域別事業部制へと組織の再編成が起こる。この形態は，事業活動が地理的に分散している企業や，地域に密着した事業に適合したものである。しかし，それだけ地域に偏った意思決定をする可能性が高く，世界的な視野からの経営には必ずしも向いていないといった問題点が指摘できる。

　これに対して，より多くの企業で採用されているのが，世界的規模での製品別事業部制である。これは製品ごとに事業部が分かれており，各事業部が国内，および海外の経営に責任を負う形になっている。世界的な視野に立った経営が可能であるが，逆に地域別事業部制のように各地域で整合性のある経営は望めないといった問題点もある。

　こうした反省に立って，地域，製品などの要素を交差させたマトリックス型組織とよばれる形態も考え出されている。しかし，これも期待どおりに機能しているとは必ずしもいい難い。多国籍企業がどのような組織を選択するかは容易ではない面をもっている。

　日本企業に関してみれば，これまで多くの企業は海外事業部を存続させていたが，多国籍企業の中には上記のような**グローバル組織**に移行するところが出てきている。

図表 5-13⑴　典型的な国際事業部構造（製品別事業部制）

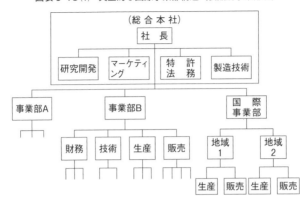

図表 5-13⑵　地域別事業部制の基本構造

図表 5-13⑶　典型的な世界的規模・製品別事業部制

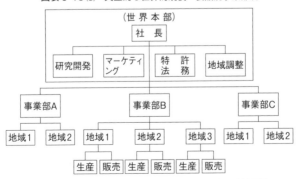

（出所）吉原・林・安室『日本企業のグローバル経営』東洋経済新報社，1988 年。

2　グローバル企業の人事・管理

a．ヒトの現地化

　企業が海外に進出した場合，（単独進出か合弁かといった条件で違いはあるが）本国の親会社の経営理念，経営手法，生産技術，経営情報を十分に掌握している本社から来たスタッフが管理部門を担当するのが一般的である。そうすることで，海外に進出しても現地の子会社に対する本社のコントロールの徹底，あるいは経営戦略の策定とその実施などが円滑に行われることになる。

　しかし，企業の海外進出は現地で人を雇用することを意味するので，採用する従業員の人種や国籍もさまざまである。しかもそれは従業員だけにとどまらず，技術者や管理者にいたるまで現地のスタッフを雇用することを視野に入れなければならない。こうしたヒト現地化は，次のようなメリットがある。

　①　進出した国でのナショナリズムの高揚や反発をおさえ，現地の人びとと利害を共有して共存共栄がはかられる。

　②　現地の情報やマーケティングに精通した管理者を採用することで，現地市場に的確に対応することができる。

　③　権限の委譲によって現地管理者の裁量権を大きくすることや，昇進への道を開くことによって，従業員全般のモチベーションを高められる。また職場の定着率も高まることが期待できる。

　④　本国本社のスタッフが多数現地に駐在する必要がなくなり，言葉の壁や家族をどうするかといった問題なども含めた犠牲や派遣コストが少なくてすむようになる。

　ここで日本の海外現地法人数とそこでの雇用者数の動向をみておこう（図表5-14，5-15参照）。

　まず2001年には，現地法人数は全部で12,476社（アジア6,345社，北米2,596社，ヨーロッパ2,147社など）あり，318万人（ア

図表 5-14　地域別現地法人分布

(単位：上段は社，下段は構成比で％)

	18 年度
全地域	26,233
	100.0
北米	3,277
	12.5
アジア	17,672
	67.4
中国	7,754
	29.6
ASEAN10	7,441
	28.4
その他アジア	2,477
	9.4
欧州	2,937
	11.2
その他	2,347
	8.9

(出所) 経済産業省「第 49 回 海外事業活動基本調査概要」2020 年。
《https://www.meti.go.jp/press/2020/05/20200527002/20200527002-1.pdf》

図表 5-15　地域別現地法人分布

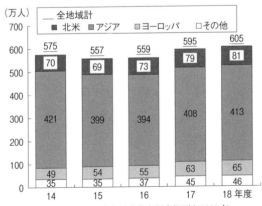

(出所) 経済産業省「第 49 回 海外事業活動基本調査概要」2020 年。
《https://www.meti.go.jp/press/2020/05/20200527002/20200527002-1.pdf》

ジア 192 万人，北米 68 万人，ヨーロッパ 35 万人など）の現地従業員を雇用し，製造業に従事している従業員が最も多く 263 万人いた。とくにアジアでは 91 年からの 10 年間で現地従業員の数が 3 倍に増え，日系企業にとってアジアは重要な生産拠点に成長した。これが 2010 年になると，現地法人数は 18,599 社（アジア 11,497 社，北米 2,860 社，ヨーロッパ 2,536 社など）あり，日系企業は全世界で 499 万人（アジア 356 万人，北米 58 万人，ヨーロッパ 50 万人など）の現地従業員を雇用し，このうち製造業の従業員がやはり最多で 397 万人いた。さらに 2018 年には，現地法人数は 26,233 社（アジア 17,672 社，北米 3,277 社，ヨーロッパ 2,937 社など）あり，日系企業は全世界で 605 万人（アジア 413 万人，北米 81 万人，ヨーロッパ 65 万人など）の現地従業員を雇用し，このうち製造業の従業員がやはり最多で 457 万人いた。日系企業の従業員数だけみると確かに製造業が圧倒的に多いが，現地法人の業種の内訳は製造業 11,344 社に対して非製造業 14,889 社となっており，非製造業の分野が大きく拡大している。

　このように日系企業はアジアを中心に海外進出して，現地での雇用の拡大にも大きく貢献しているといえるのであるが，その一方で，管理部門のホワイトカラーを中心に**ヒトの現地化**は必ずしも進んでいないことがこれまで数多く指摘されてきた。図表 5-16 は，現地化の現状を示したものである。この調査結果によれば，「現地人材の採用・育成」は，「進んでいる」「やや進んでいる」という肯定的評価が合わせると 75.5％となっており，以前と比べるとかなり改善してきていることが見て取れる。また同じく「現地従業員との円滑な関係の構築」も肯定的評価が 75.5％と高くなっている。他方，「本社の指示を待たない自律的な意思決定」は肯定的評価が 46.2％とあまり高くないため，今後はこうした面での現地化がより積極的に求められよう。

図表 5-16　現地化の進展

（出所）独立行政法人労働政策研究・研修機構（JILPT）「調査シリーズ No.190 日本企業のグローバル戦略に関する研究」2019 年，p.42。
　《https://www.jil.go.jp/institute/research/2019/documents/190.pdf》

b．グローバル人材の採用・育成

　海外での事業展開は今後とも拡大が見込まれるが，そのためには海外ビジネスを担う人材の確保が重要な課題となる。すでに述べた海外の進出先における人材採用や，賃金・昇進等に関する公平な処遇をどう確保するかも大切であるが，同時に，日本企業自身が海外事業を推進する人材をどう採用していくのかも大きな問題である。日本企業を対象としたアンケートからは，グローバル化を目指す企業の課題が浮かび上がってくる（図表 5-17，5-18 参照）。

　海外ビジネス拡大のための人材に関しては，「現在の日本人社員のグローバル人材育成」をあげた企業がもっとも多く 39.3％である。大企業だけみると，この回答は 56.9％とかなり高くなる。つまり大企業は海外ビジネスを担う社員を自社で育成したいと考えているということになる。2 番目は，「外国人の採用，登用」で 23.4％，3 番目は，「海外ビジネスに精通した日本人の中途採用」で 21.4％となっている。なお，外国人の採用を挙げた企業の比率は，過去の

図表5-17　海外ビジネス拡大のために最も重視する人材（全体，企業規模別）

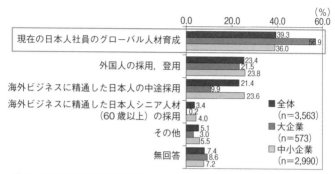

（注）n は本調査の回答企業総数。
（出所）JETRO 海外調査部「2019年度日本企業の海外事業展開に関するアンケート調査」2020年。
《https://www.jetro.go.jp/ext_images/_Reports/01/1057c5cfeec3a1ee/20190037_outline.pdf》

図表5-18　海外ビジネス人材確保のメリット（全体，企業規模別）

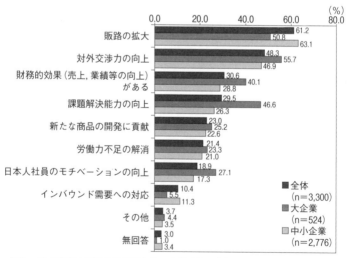

（注）n は本調査の回答企業総数から，人材確保の方針に関する質問における「無回答」を除いた数。
（出所）同上。

データと比べると増加傾向にある点は注目しておきたい。

　では企業はこうしたグローバル人材を育成することで何を期待するのであろうか。回答でもっとも多かったのが「販路の拡大」で61.2％となっている。2番目は，「対外交渉力の向上」で48.3％，3番目は財務的効果（売上，業績等の向上）で30.6％である。ただし，大企業では「対外交渉力の向上」が55.7％ともっとも高かったのに対し，中小企業では「販路の拡大」がもっとも高く63.1％となっている。2010年の「ジェトロ海外事業展開調査」で海外事業展開において強化する機能を聞いたところ，「販売機能」が回答の約8割を占めていたことからも明らかなように，企業にとって「販路の拡大」はこれまでも重要な目標であった。

　それではグローバル人材を自社で育成したいという企業の考えは，その狙い通りにうまくいっているのであろうか。グローバル人材育成の課題を尋ねたところ，もっとも多かったのが「人材育成に係る時間・体制的余裕がない」で51.3％，2番目が「社内で明確なグローバル人材育成に対する戦略がない」50.8％，3番目が「人材指導・育成のノウハウが乏しい」44.9％という結果になっている。日本企業が新卒社員の教育訓練にかつてのような時間とコストをかける余裕がなくなっていることと通底するが，自社での育成が十分にできないのであれば，外国人材や経験者の活用を検討する必要が出てこよう。

【学習ガイド】

1．企業の国際化に関連して，あなたは次の項目についてどう考えるか。

　① 勤務している企業が海外進出すれば，どの国への転勤もいとわない。

　② 経済のグローバル化が進んでいるので，日本も雇用や賃金制

度を世界の流れに合わせて変えるべきである。

③　人の国際化を進めるためには，外国人労働者をもっと積極的に受け入れるべきである。

2．貿易摩擦に関連して，あなたは次のどの見解を支持するか。

①　安くて品質のよい製品を作り，輸出相手国の消費者がどんどん買ってくれるのならば，たとえ貿易摩擦が起きようともそれは相手国側の責任である。

②　輸出によって相手国の企業や産業が大きな打撃を受けるならば，たとえ安くて品質のよい製品であっても輸出するのは敢えて自粛すべきである。

③　貿易摩擦が起きないように，輸出をするのなら輸入も同時に増やすべきである。

④　貿易摩擦が起きようが起きまいが，政府は余計な介入をしないで市場の論理に任せるべきである。

〈参考文献〉
▶入門書
高橋浩夫『最新「国際経営」入門』同文舘出版，2017 年
竹田志郎『新・国際経営 新版』文眞堂，2011 年
原田順子／洞口治夫『放送大学教材　国際経営（改訂新版）』放送大学教育振興会，2019 年
吉原英樹『国際経営 第 5 版』有斐閣，2021 年
▶学術書
日本政策金融公庫総合研究所編／丹下英明『中小企業の国際経営―市場開拓と撤退にみる海外事業の変革』同友館，2016 年
吉原英樹編『日本企業の国際経営』同文舘出版，1992 年
▶白書など
「ジェトロ世界貿易投資報告」各年版
「通商白書」各年版

第6章

企業の社会的責任

① 公害と環境問題。

② 企業の社会的責任論と社会的貢献論，そして CSV。

③ 企業観により，企業の社会的責任論・貢献論に対する賛否が分かれる。

④ 環境との調和。

⑤ 経済性と社会性，私益と公益の統合。

　人びとが飢えや寒さから解放されるだけでなく，自分の思いどおりの人生を歩めるようになってきたのは，ほんのこの数十年のことでしかない。それは企業活動によって，社会が豊かになったからだといえるだろう。企業は効率性を追求し，大規模化することで豊かさを生み出してきた。だが，また一方では，公害などのさまざまな問題を引き起こし，**企業の社会的責任**とよばれるものが要求されるようになってきたのである。

I　企業の社会的責任論の略史

1　公害，買占め・売り惜しみ〜社会的責任論の登場

　企業の社会的責任論に関する考察は，1920年代までさかのぼることが可能である。だが，社会的問題として取り上げられ，多くの議論・研究が登場しだしたのは，1960年代からである。そのきっ　5
かけは公害に代表される「企業の反社会的活動」であった。

　公害それ自体は，江戸時代の住友別子銅山，1877年（明治10年）の足尾銅山鉱毒事件など決して新しいものではなかったが，1960年代後半，いわゆる四大公害（水俣病，新潟水俣病，富山イタイイタイ病，四日市ゼンソク）や光化学スモッグ，そして，喘息を引き　10
起こした自動車の排気ガス問題などが急速に大きな社会問題となり，企業に対する非難が高まった。

　続いて，1970年頃から欠陥車問題，食品添加物問題などに対して，不買運動や告発，訴訟が相次いだ。また，1973年10月に起こった第一次オイル・ショックは，ちり紙パニックのような全国的　15
なモノ不足を引き起こした。密かに協調して，価格を下げないようにした灯油の闇カルテルのような企業行動が，企業に対する不信感を激化させ，企業はモノを買い占め，売り惜しんで価格をつり上げていると，世をあげて企業非難の声が沸き上がった。

　当初は一部の地域住民の問題であったが，やがて，全国的な消費　20
者全体の問題へと展開してきた「企業の反社会的活動」は消費者運動も活発化させ，1972年から1981年までの間に，商品の価格・品質のチェックや，安全食品問題に取り組む消費者団体の数を，実に6倍にまで激増させたのであった。

2　企業の対応

　日本の奇跡とよばれた高度成長期において，企業活動はモノの豊かさ，所得の伸びにつながり，企業がひたすら拡大路線をたどることに対し，企業自体も社会も疑いをもたなかったといえよう。だが，そのような企業と社会との蜜月は突然といってよいほどの終焉を迎え，企業は社会に対して新しいかかわり方を求められるようになった。これが「企業の社会的責任」である。
CSR：Corporate Social Responsibility

　公害防止のための設備投資は，1972年以降，毎年数十％の伸び率を見せ，SOX（硫黄酸化物）やNOX（窒素酸化物）の数値は直ちに改善されだした。自動車の排ガス規制も，当初は自動車メーカーが反発をみせたものの，1970年代に欧米並みかそれ以上の基準値をクリアするにいたった。また，公害対策と並行して，消費者運動への対応も数多くの企業が社内に消費者部門を設けるなどして大きく展開をみせた。

　このような企業の対応があったこと，そして，オイル・ショック，ドル・ショックによる世界的な経済の停滞のために，企業に対する否定的見方が後退したことで，1970年代後半には，それまでの激しかった企業非難が沈静化したのであった。

●企業行動憲章（2010年9月14日改定）

　企業は，公正な競争を通じて付加価値を創出し，雇用を生み出すなど経済社会の発展を担うとともに，広く社会にとって有用な存在でなければならない。そのため企業は，次の10原則にもとづき，国の内外において，人権を尊重し，関係法令，国際ルールおよびその精神を遵守しつつ，持続可能な社会の創造に向けて，高い倫理観をもって社会的責任を果たしていく。

1．社会的に有用で安全な商品・サービスを開発，提供し，消費者・顧客の満足と信頼を獲得する。

2．公正，透明，自由な競争ならびに適正な取引を行う。また，政治，行政との健全かつ正常な関係を保つ。

3．株主はもとより，広く社会とのコミュニケーションを行い，企業情報を積極的かつ公正に開示する。また，個人情報・顧客情報をはじめとする各種情報の保護・管理を徹底する。

4．従業員の多様性，人格，個性を尊重するとともに，安全で働きやすい環境を確保し，ゆとりと豊かさを実現する。

5．環境問題への取り組みは人類共通の課題であり，企業の存在と活動に必須の要件として，主体的に行動する。

6．「良き企業市民」として，積極的に社会貢献活動を行う。

7．市民社会の秩序や安全に脅威を与える反社会的勢力および団体とは断固として対決し，関係遮断を徹底する。

8．事業活動のグローバル化に対応し，各国・地域の法律の遵守，人権を含む各種の国際規範の尊重はもとより，文化や慣習，ステークホルダーの関心に配慮した経営を行い，当該国・地域の経済社会の発展に貢献する。

9．経営トップは，本憲章の精神の実現が自らの役割であることを認識し率先垂範の上，社内ならびにグループ企業にその徹底を図るとともに，取引先にも促す。また，社内外の声を常時把握し，実効ある社内体制を確立する。

10．本憲章に反するような事態が発生したときには，経営トップ自らが問題解決にあたる姿勢を内外に明らかにし，原因究明，再発防止に努める。また，社会への迅速かつ的確な情報の公開と説明責任を遂行し，権限と責任を明確にした上，自らを含めて厳正な処分を行う。

(注)　この憲章は世界的に企業倫理や企業の社会的責任が問われるなかで，日本企業が自主的に「社会の信頼と共感を得るため」の行動指針として日本経済団体連合会が1991年に制定し，以後4回にわたって改定してきたもの。
(出所)　社団法人日本経済団体連合会。

3　環境問題

　いったんは問題が収まったかにみえた企業と社会との関係であっ

たが，1980年代後半から再び企業批判の声が起こり始めた。

　そのひとつが，石油・石炭などの化石燃料の大量燃焼や森林破壊などによる地球の温暖化現象，フロンガスによるオゾン・ホールの拡大，また，産業廃棄物の処理問題などの**環境問題**である。

5　この環境問題は公害の拡大版のようにみえながらも大きく異なっている。それは，特定地域の特定者（住民）だけが被害者であった公害に対して，環境問題は地球全体，すなわち全人類，そして子孫にわたるだけでなく，全生命体の生存に対する危機だという点である。そして，公害問題のときには加害者が特定しやすかったのに対

10　して，環境問題は企業活動全般から随伴的に生じているといえ，さらには，便利さ・快適さを求めて資源・モノを大量に消費し，廃棄する先進国のわれわれの生活のあり方自体からも生じるからである。

　企業は公害問題の経験があり，すでに対応を始めているが，問題

15　の大きさから，また海洋プラスチック問題のように，新たな課題が出てくるなど，環境問題は現代社会の最大級の問題といえよう。

●環境破壊とその対策

○地球温暖化 ⇒ エコライフ（京都議定書で約束された6％の削減目標を
　　　　　　　　実現するためにはCO_2の家庭からの排出量で年間3,700

20　　　　　　　　万t，オフィス等からの排出量で年間7,300万tの削減
　　　　　　　　を目指す）

　　　　　　　⇒ 冷蔵庫・エアコン・エアゾルの噴射剤などに使用されて
　　　　　　　　いるフロンの使用を制限

　　　　　　　⇒ 二酸化炭素の排出制限のための炭素税

25　○大気汚染 ⇒ 電気自動車の開発による，SO_X・NO_X・CO_2などの削減

○産業廃棄物 ⇒ ゴミ排出の抑制・リサイクルを促進させる廃棄物処理
　　　　　　　法・リサイクル法

○プラスチックごみ ⇒ プラスチック容器・包材の回収・再利用，素材を

プラから紙等他素材へ，レジ袋有料化・廃止，プ
ラ製ストローの廃止,，ラベルなしボトル

○その他 ⇒ 公害対策型（低公害車の開発など），環境保全型（リサイク
ルなど）のエコ・ビジネス

　　　　　 ⇒ 環境保全に役立つと認定された商品に付けられるエコ・マー
ク

4　社会的貢献論

　次は，企業の社会的貢献を取りあげよう。かつて，先進諸国が経
済不況に苦しむなかで，日本は経済成長に成功し，さまざまな貿易
摩擦を引き起こすほどに貿易黒字をふやし続けた。だが，1980年
代後半になると，果たして人びとの生活は豊かになったのか，企業
だけが豊かになっただけではないか，企業はその獲得した豊かさを
人びとにもっと還元せよ，という声が上がり始めた。

　この企業の社会的貢献活動は，大きくは7分野に分類することが
できる。

① 地球環境問題…資源・商品のリサイクル化，環境保護団体へ
　　　　　　　　　の寄付など

② 国際問題………留学生支援などの海外との交流促進，日本理
　　　　　　　　　解のための海外への広報活動など

③ 地域問題………施設の一般開放，人員・金銭・情報の提供に
　　　　　　　　　よる地域行事への支援，自然環境の整備など

④ 福祉問題………福祉施設への援助，ボランティア休暇など

⑤ 教育・研究……各種の学校への寄付，研究助成金など

⑥ 文化・芸術……芸術家や団体への支援，冠コンサートなど

⑦ スポーツ………スポーツ活動に対する支援，大会・イベント
　　　　　　　　　の開催など

●企業の社会的貢献活動の例

　企業は，1％クラブ（経常利益の1％を寄付するもの）やメセナ活動（文化・スポーツに対する援助）などの金銭的貢献のみならず，マイノリティ・障害者の積極的雇用や援助，企業の社員ボランティア（社員がボランティア活動を行う場合に有給の休暇・休職を認める制度）に対するバックアップなどを行っている（具体的な活動例は「企業の社会的活動のホームページ集」等を参照）。

○フィランソロピー "philanthropy"

　企業のさまざまな社会的貢献活動や，慈善的な寄付行為の総称として用いられている。

○企業メセナ協議会

　文化・芸術活動を企業の立場から広く理解・援助し，わが国の文化状況の改善に努める目的で，1990年4月に発足した社団法人。2020年12月4日現在，正会員119社・団体，準会員31社・団体。

○1％クラブ

　欧米の企業にならって，経常利益の1％を毎年フィランソロピー活動に寄付するよう，経団連が主要企業によびかけて1990年に176社で発足した任意団体。現在は経団連企業行動・SDGs委員会の下部に「経団連1％（ワンパーセント）クラブ」として運営されている（2021年現在，法人会員273社，個人会員1,143名）。個別企業・グループでも，「イオン1％クラブ」等が設立・活動している。（章末にのせたHP参照）

Ⅱ　企業の社会的責任論の検討

1　社会的責任論の内容

　一口に企業の社会的責任論といっても，その内容は多岐にわたっているが，大きく分けて3つのカテゴリーに分類できるだろう。

・第1のカテゴリー

図表 6-1　日本企業 CSR ランキング（2020 年度）

	東洋経済 CSR 企業ランキング
1 位	KDDI
2 位	NTT ドコモ
3 位	日本電信電話
4 位	花王
5 位	富士フイルムホールディングス
6 位	セブン＆アイ・ホールディングス
7 位	JT
8 位	コマツ
9 位	富士ゼロックス
10 位	旭化成

（出所）東洋経済新報社「CSR 企業ランキング 2020 年版」。

企業内部の通常の企業活動と本質的に結びつくもの。

（例；職場の安全性・快適性，労働の人間化など）

・第 2 のカテゴリー

通常の企業活動の外部へ負のインパクトを及ぼすもの。

（例；公害，商品の安全性，工場閉鎖による地域への影響など）　　5

・第 3 のカテゴリー

企業活動が直接引き起こしたものではない，あるいは仮に，企業活動によるものであっても（たとえば，人種差別→職業差別などのように）社会の欠陥が反映した問題。

（例；貧困，地域の荒廃など）　　10

2　社会的責任論と社会的貢献論の関係

企業の社会的責任と社会的貢献，そして，公害問題と環境問題はともに 1960〜1970 年代と 1980〜1990 年代に提起された問題である。この両者は基本的には同一のものなのだが，要請された時代的状況の差が両者に違いを生んでいる。その違いをまとめてみよう。　　15

①　前者（責任論）は，社会にかけた損害を償うところから発し，
　課せられたことを行うという受動的な性格をもっている。それに
　対して後者（貢献論）は，積極的に社会を良くしていくという能
　動的な性格を有している。

②　前者（責任論）は，主として企業活動に直接かかわる分野に限
　定されているのに対して，後者（貢献論）は，文化，教育，福祉
　など直接企業とはかかわりをもたない分野までの広がりをもって
　いる。

だが，CSR という略称で語られるようになった21 世紀では，企
業の社会的責任 CSR は貢献論も含んだ，そしてより広く企業経営
の望ましいあり方がその内容になっている。

3　企業の社会的責任論に対する反論

　企業に経済活動以外の行動を求める社会的責任論・貢献論は一見
するところもっともであり，今後もなお企業に求めていくべきかに
思える。だが，企業の責任を狭く限定し，これまで行ってきたよう
な財・サービスの提供以外の活動＝社会的責任に反対する意見も少
なくない。その根拠は次のようにまとめられる。

〔株式会社制度の観点から〕

①　会社は株主のものであり，利益は株主に帰属する。その利益を
　経営者は勝手に他の用途に用いるべきではない。

②　経営者は経営のプロであり，それ以外の問題に関してはほかの
　専門家・制度に任せるべきである。

〔自由経済の観点から〕

③　企業に公益活動をさせると，政府・国家権力の介入を招いて，
　企業の自由な活動を拘束される。

④　社会的貢献活動の費用が価格に転嫁されて，市場のもつメカニ
　ズムが働かなくなり，消費者に不利益を与える。

⑤　寄付などは個人レベルで行うべきであり，経営者が恣意的に寄
付対象を選択すると，企業による文化・教育・福祉の支配につな
がる。

これらの企業の社会的責任論に対する反論は，次に述べる 2 つの
前提に立っている。

まず，企業を自立した行為主体として捉えず，社会の行為主体と
して個人だけを認め，企業活動を個人の活動としてみなしているこ
とがあげられよう。次に，企業は警察・病院・学校などと同様にそ
れ独自の機能・役割をもっている。ゆえに，企業とは利潤獲得のた
めの制度であり，活動はその限りにおいて認められる，というもの
である。

4　企業は社会的責任・貢献を果たすべきか

3 で述べた 2 つの反論の前提は，古典的な企業観に立っている。
だが，第 2 章で明らかにされたように，現代大企業はもはや特定株
主・所有者のものではなく，より広く，多数の関係者（**ステークホ
ルダー**）の利害に密接にかかわるようになってきているのである。
大規模化した企業は新しい責任・貢献を求められるにいたってい
る。その理由は次のような点があげられるだろう。

①　企業の利害関係者が増大し，かつてのように株主だけではな
く，従業員，消費者，地域住民などが，企業活動により生活に多
大な影響を受けるようになった（株主（stockholder）から，**ステークホルダー**（stakeholder）
へ）。

②　大企業のもつパワー（ヒト・カネ・技術・情報など）が巨大化
した。そのパワーをただ財・サービスの提供だけにとどめず，そ
れ以上の活動によって社会をより良くするために用いる義務が
ある（企業も一市民として社会のために活動せよ，という企業（corporate）
市民（citizenship）という考え方もこの観点に立つ）。以上の理由は，いわば義

務的・規範的な考え方だが，これ以外に経済的・功利的理由から，企業の社会的貢献論を肯定する考え方もある。（「啓発された自己利益」という考え方がその中心であり，以下もそれに該当する）。

5 ③　社会を豊かにしていくことが，企業の維持発展には不可欠。人びとが豊かになれば，モノは売れるし，教育水準が高くなれば，労働の質の向上となる。

④　公害防止や高齢者問題など，要求されているものは新しい事業機会となる（CSV）。

10 ⑤　企業イメージがアップする。従業員をはじめとする企業関係者に誇りを与える。

5　日本企業の社会的貢献活動の問題点

　企業の社会への貢献の仕方はさまざまに存在する。良い商品を安く提供したり，雇用の安定をはかるのも基本的かつ伝統的な貢献で
15 あり，また，利益をあげて納税するという形での貢献も重要である。日本企業は，高品質で安価な商品の提供，低い失業率（雇用の確保）と並んで，この税による貢献も他国以上に行っている。政府の税収に占める法人税の割合が，欧米各国は10％前後なのに対して30％に及ぶほどである。だが，日本企業が十分な社会的貢献を
20 なしていると評価されていないのはなぜだろうか。

　日本企業でもっとも目立つのは文化・スポーツのスポンサーになることと寄付活動であった。すなわち，直接的・短期的見返りを求める活動である。また，社会的貢献のための諸制度が設けられていても十分に機能していないといわれていた。

25 　その理由として，アメリカのように市民が地域・社会をつくっていくという思想が，日本では政府の税制や個人のボランティア活動にみられるように乏しいことがあげられよう。

●企業市民 corporate citizenship

　企業を一市民として社会化された存在とみなし，社会的貢献活動を通じて地域社会と共存共栄をはかる新しい企業観・経営理念。

●啓発された自己利益 enlightened self-interest

　見返りを求めない活動であっても，フィランソロピーは優れた企業に負わされた社会的・精神的義務（ノーブレス・オブリージュ）であり，長期的にみれば社会の発展に寄与したという社会的信用をもたらし，事業活動による利益と相反するものではない。すなわち，企業の社会的貢献を積極的に推し進めることで，最終的には経済性への見返りが得られるとする考え方。

III　今後の企業の課題

1　新しい環境創造

　豊かな社会のために企業は良いモノを安く大量に提供してきた。だが，その成功は同時にその限界を迎えた。たとえ公害などを起こさないとしても，深刻な資源問題，環境問題・ゴミ問題は，基本的にモノ作りの限界であり，また，人びとはモノ以外に心・生き方への関心をもつようになってきた。

　「良い品物を安く」という考え方は，企業活動を市場に限定している。だが，豊かな社会は市場だけで達成することは到底不可能ではないだろうか。企業はさまざまな環境のなかで活動している。市場以外の環境，自然環境や地域などに目を向け，そこをどれだけ豊かにしていくのかが社会のためであり，同時に企業のためにもなるのである。今後の日本企業が考慮すべき主な環境をみていくことにしよう。

a．地域と企業

　カネと情報は世界を自由にかけめぐることができても，人間は言語・文化・慣習や人間関係から切り離されて生きてはいけない限り，地域と密接にかかわっている。これまで企業にとっての地域は，基本的に自然資源・人的資源を提供するものとして，利用の対象とみなされてきた。ゴミ問題，都市へのヒト・モノ・カネ・情報の集中，単身赴任をもたらす頻繁な転勤など，さまざまなレベルで引き起こされている問題は，ここから生じている。

　地方消滅という言葉が登場し，地域活性化・地域創造の話もよく聞かれるようになった。地域の衰退は社会の衰退につながり，売り上げにも，雇用にも直接影響を与える。地域活性化に取り組む企業も出てくるほか，地域商社など新しい企業のあり方も生まれてきている。アメリカで要請されてきた企業市民という考え方は，市場・組織という効率性を追い求める環境だけに関心をはらわず，企業も地域の一員であり，地域をより良くしていく姿勢を求めているのである。

b．家庭と企業

　高度成長時代に核家族化が進み，妻にウチを任せ，夫はソトで企業戦士となる姿が当然となっていた。だが，1980年代になり，そのようなライフスタイルは徐々に否定されるようになってきた。その変化として，次のような点があげられよう。

①　「会社人間」という生き方に大きな疑問が生まれ，家庭回帰がいわれるようになった。

②　男女雇用機会均等法が成立したように，女性も企業という場でキャリアを求めるようになってきた。

③　出生率が減少するとともに，高齢化社会に向かいだし，家庭の役割がより重要になった。

　人間らしい生き方として，労働者・生産者や消費者としてだけでなく，生活者という観点が求められ，ワーク・ライフバランスが重視されるようになってきている。それは生産・消費をはじめとして，教育，福祉にいたるまで企業や行政に任せてきたことへの，懐疑，反省ともいえよう。企業と人びとは人間の生きがいを企業内だけでなく，家庭・地域などを含めたトータルなものとして考えていくことが必要になってきている。そのために，育児休暇・介護休暇など休暇制度を中心として，育児，介護，ボランティアなどを積極的にバックアップしていくことも要請されてきている。また，家庭を崩壊させかねない単身赴任や，地域を解体させることにつながる転勤も検討を迫られているが，改善の動きは鈍い。

c．南北問題

　東西の冷戦構造が崩壊し，新たな世界の課題として資源問題，環境問題，貧富の差の問題，すなわち南北問題の重要性が認識されてきた。これまで資源を利用できなかった低成長国家が工業化を急ピッチに進展させてきている。それにつれ，資源の枯渇化の恐れ，そして，何よりも環境破壊の恐れは急激に高まってきている。先進諸国は，省資源で環境破壊の少ない工業化の方法を確立し，発展途上国と共有する必要に迫られている。途上国と先進国との経済格差により，大量の移民がアメリカ・欧州に流入し大きな社会政治問題化し，急速にクローズアップされるようになった。企業も，グローバルな観点で，省資源・低汚染の自動車の開発などを典型とする技術開発，生産方式を生み出していかねばならないだろう。

d．CSV（Creating Shared Value　共通価値の創造）

　2011年，マイケル・ポーターが『競争戦略論』で提唱。社会ニーズや問題に取り組むことで社会的価値を創造し，その結果，経済的

な価値も創造する，という内容だ。日本やアメリカなどが豊かになり経済成長が鈍化する中，社会的課題を事業化することにより新たな市場を生み出そうとするものである。（企業の社会的責任から出てきたものではなく，企業収益を上げる戦略論として提示されている）。

これまで社会的・公益的活動は企業の本業ではなく，本来企業がすることではない，もしくは，した方が望ましい，という考え方主流であった。だが，社会的企業や事業 NPO，そしてこの CSV など，**経済性と社会性，私益と公益の統合が 21 世紀の新しい企業の**あり方ではないだろうか。

●フェア・トレード

コーヒー豆を輸入する国は，主にアメリカ，ドイツ，日本などの先進国で，反対に輸出をする国は，ブラジル，インドネシア，メキシコなどの開発途上国である。

世界のコーヒー生産の半分以上は小規模な個人農民たちによるもので，貧しい彼らは市場への物流・販売ルートをもたない。生産者が仲買人から受け取るのは，消費国のコーヒー 1 杯の値段の 100 分の 1 以下ともいわれている。

このように，現在のグローバルな国際貿易の仕組みは，経済的にも社会的にも弱い立場の開発途上国の人びとにとって，ときに「アンフェア」で貧困を拡大させるものだという問題意識から，南北の経済格差を解消するための運動が，公正な対価を支払う公平な貿易という意味の，「フェア・トレード」である。

日本で売られている幾つかのコーヒー豆も，この「フェア・トレード」製品である。あなたの飲んでいるコーヒーは，どのようなルートであなたの元に届いたのだろうか。缶や瓶のラベルに，「フェア・トレード」ということが記されているだろうか。

●社会的企業（social enterprise）

　社会的企業とは近年注目されてきた利潤を目的としない事業体（NPO，組合，営利企業などさまざまな形態をとる）のことであり，環境・福祉・教育などの社会的課題に取り組んでいる。イギリスでは，社会的企業を政府レベルで推進し，現在およそ5万5000人の社会的企業家がおり，総額270億ポンドの利益を生み出しているといわれる。日本でも，森林・山村の活性化事業に取り組む「トビムシ」や，障害者雇用の「スワンベーカリー」，引き籠もっている若者の積極的雇用をはかる「デジタルハーツ」，フェア・トレードにより途上国の自立・生活の向上に貢献する「生活の木」などが活動している。

●社会的事業（social business）

　地球環境問題や貧困，介護などの社会的課題をビジネスの手法（企業がその知識・技術を活用して新たな商品・サービスを開発する）で解決を図ろうとするもので，バングラデシュでマイクロファイナンスを行うグラミン銀行の事業などが世界的に有名で，TV でとりあげられた。

● SDGs（Sustainable Development Goals 持続可能な開発目標）

　2015 年 9 月の国連サミットで採択され，国連加盟 193 カ国が 2016 年から 2030 年の 15 年間で達成するために掲げた目標。貧困，飢餓，教育，不平等，気候変動，クリーンエネルギー，働きがいと経済成長等々，17 の大きな目標と，それらを達成するための具体的な 169 のターゲットで構成されている。欧州ではグリーンリカバリーとこの SDGs がアフターコロナの課題として掲げられている。日本でも，政府・自治体，企業の新しい目標・課題となっている。

2　コーポレート・ガバナンス（企業統治）

　反社会的な活動はしないし，また起こしてもその責任をとる，と

いう受け身的な責任論の段階ではいざしらず，積極的に社会をより良くしていこうとする社会的貢献を遂行していくことは簡単ではない。

　現代大企業のほとんどは株式会社制度をとっているが，この株式
5　会社制度とは会社は株主のものであり，企業活動の最終意思決定機関は株主総会であるとされてきた。だが，これまでみてきたように，現代大企業はもはや株主だけのものではなく，社会全体に責任を負い，貢献するための社会的器官となっている。ここに制度と実態の乖離・矛盾が生じている。この点を問題とするのが，コーポ
10　レート・ガバナンス（企業統治）とよばれるものである。

　ここで検討されねばならないのは次のような点であり，どれもが難しく，また早急に答えを必要としているのである。

① 　（制度的に）会社は株主のものであるとすれば，株主の利益を無視してよいのか。

15　② 　経営者・企業をチェックするのは株主か，それともほかの誰かなのか。

③ 　株主以外とするなら誰か，株式会社制度のままでよいのか。

④ 　社会的問題に企業を関与させるとしても，経営者・企業の自由裁量に任せてよいのか。

20　⑤ 　社会的・公的問題に企業が関与するようになると，政府の干渉が生じるだろう。政府の干渉・規制は必要か，また，あってよいのか。

⑥ 　企業は誰のために，また何のために存在し，経営されるべきなのか。

25　**3 ビジネス・エシックス**（経営倫理・企業倫理）
business ethics

　21世紀になってからでも，雪印食品・日本ハム・伊藤ハム等の牛肉偽装事件，三菱ふそう・三菱自動車のリコール隠し，JR西日

本の列車事故，旭化成建材・KYB・神戸製鋼所・東洋ゴムなどの
データ改竄など，社会から非難される事件・事故が数多く起こって
いる。過労死・自殺を惹き起こすブラック企業，バイト店員にさま
ざまな無理を押し付けるブラックバイトなどは恒常的に起こってい
る。利潤追求，企業維持のために人の命や健康を損ねたり，法令に　5
違反したり，不当な利益を貪ったりすることは倫理に反する行為で
あるとされ，このような反社会的行為に対して企業に要求されてい
るのが**ビジネス・エシックス**（経営倫理・企業倫理）である。

　アメリカにおいて1970年代後半から80年代にかけて，企業の反
社会的行為が続出し，ビジネス・エシックスの重要性が認識されて　10
いたが，日本ではミドリ十字の非加熱製剤事件，雪印乳業・食品の
事件の記憶が薄れぬうちに反社会的行為が相次いだことで，大きく
いわれるようになってきた。ほかに**コンプライアンス**という言葉も
ある。文字通りの法令遵守という狭い意味で使われることも多い
が，法律に限らず，より広く社内や業界のルールを守ることとして　15
使われることもある。コンプライアンスは法令・ルールを守るこ
と，ビジネス・エシックスは相手・社会の期待を裏切らないことと
いう意味で理解しておこう。また，前記したコーポレート・ガバナ
ンスの根本に，このビジネス・エシックスはなくてはならないもの
である。　20

4　ESG の時代

　「社会のため」といわれても具体的に何・誰を指すのかが不明確
であったが，従業員・消費者・株主・取引先・地域住民・政府自治
体，マスコミなど，企業の利害関係者の総称としてステークホル
ダーという言葉が使われるようになり，社会という言葉と同義に使　25
われるようになってきた。ESG（環境・社会・企業統治）という語
に表されているように，現代企業は，自然環境・生態系と調和し，

図表 6-2　日本企業 ESG ランキング

	東洋経済	Gomez ESG サイト ランキング 2020	日経 ESG
1位	SOMPO ホールディングス	リコー	トヨタ自動車
2位	丸井グループ	積水化学工業	サントリー
3位	オムロン	伊藤忠商事	イオン
4位	KDDI	三井化学	キリン
5位	NTT ドコモ	東レ	花王
6位	富士フイルム ホールディングス	アサヒグループ ホールディングス	パナソニック
7位	東京海上ホールディングス	MS & AD インシュアランス グループホールディングス	スターバックスコーヒー ジャパン
8位	日本電信電話	みずほフィナンシャル グループ	資生堂
9位	セイコーエプソン	コニカミノルタ	ホンダ
10位	花王	資生堂	サッポロビール

(出所)　東洋経済オンライン　最新版「ESG に優れた企業」ランキング上位 200
《https://toyokeizai.net/articles/-/381386?page=4》（最終アクセス：2020/11/24）
SBI ホールディングス　HP
《http://www.sbigroup.co.jp/news/pr/2020/0824_12081.html》（最終アクセス：2020/11/24）
日経 ESG　HP　ESG ブランド調査 2020
《https://project.nikkeibp.co.jp/ESG/atcl/column/00003/100100004/》（最終アクセス：2020/11/24）
東洋経済：対象は『CSR 企業総覧』（雇用・人材活用編）（ESG 編）2020 年版掲載の 1593 社。評価項目は環境（28 項目），社会性（30 項目），企業統治（38 項目），人材活用（45 項目）の 4 分野。それぞれ 100 点満点で，合計 400 点満点となっている。
Gomez ESG サイトランキング 2020：調査項目は「ウェブサイトの使いやすさ」「ESG 共通」「E（環境）」「S（社会）」「G（ガバナンス）」の 5 つ。主要ユーザーである株主・投資家だけではなく，幅広いステークホルダーの視点を盛り込んで設定している。これらをモーニングスター株式会社のアナリストが評価を行い，総合的に優れた ESG サイトのランキングを決定する。
日経 ESG：約 2 万人に ESG の視点から企業のブランドイメージを聞く「ESG ブランド調査」。調査項目は，「環境（E）」「社会（S）」「ガバナンス（G）」そして，「インテグリティ（誠実さ）」の項目を加えた 4 つ。第 1 回の調査結果は「トヨタブランド」の強さが際立った。

社会（ステークホルダー）のために活動することが求められ，そのように企業活動をチェック＆コントロールすることがコーポレート・ガバナンスに求められている。企業は誰・何のためにあるのか（企業統治論），何を期待されているのか（企業の社会的責任），何をしてはいけないのか（ビジネス・エシックス），等々が今，企業に対して真に問われている。そして，この3点はトータルに考えてゆかねばならない。

【学習ガイド】

1．あなた個人としては，次のどのレベルまで企業に要求したいか。また，その理由は。

①　雇用と賃金が守られること。

②　収入アップや手厚い福利厚生。

③　文化・スポーツに対する援助。

④　地域振興，女性の自立の援助，教育問題の解決など。

2．企業はプロスポーツのスポンサーになったり，音楽や美術に対して寄付などの援助をしたりしている。

①　それら活動を良いこと，またはすべきことだと思うか。

②　それら活動は企業の宣伝となっているが，収益が赤字になっても続けるべきだと思うか。

③　赤字でやめたら，そのスポーツや文化活動はどうなるだろうか。また，宣伝効果が高いメジャーなものにだけ企業が援助していると，各スポーツ・文化の発展，衰退は企業次第となってしまうが，それでもよいだろうか。

3．企業は，地域や家庭のためにボランティア休暇や育児休暇，介護休暇などの制度を設けてきている。しかし，せっかく設けられたにもかかわらず，現在のところ十分に利用されているとはいいがたい。

① その理由を考えてみよう。

② 利用されていない現状でよいと思うか。

③ あなた自身は，そのような制度がある企業に就職したいと思うか。

4．調べてみよう。

① SDGs について，17 項目の具体的なターゲット，企業や自治体などの SDGs に対する姿勢や活動

② CSR と CSV の違い，実際の CSV 活動

③ ESG（投資），その具体例

④ コンプライアンス，内部統制・内部監査について

⑤ ISO，品質マネジメントシステム（ISO 9001）や環境マネジメントシステム（ISO 14001）

〈参考文献〉
▶入門書
宇沢弘文『社会的共通資本』岩波新書，2000 年
大山泰弘『利他のすすめ―チョーク工場で学んだ幸せに生きる 18 の知恵』WAVE 出版，2011 年
小倉昌男『福祉を変える経営』日経 BP 社，2003 年
斎藤槙『社会起業家―社会責任ビジネスの新しい潮流』岩波新書，2004 年
坂本光司『日本でいちばん大切にしたい会社』あさ出版，2008 年
坂本光司，価値研『21 世紀をつくる人を幸せにする会社』ディスカヴァー・トゥエンティワン，2012 年
佐和隆光『グリーン資本主義』岩波新書，2009 年
千葉望『世界から感謝の手紙が届く会社』新潮文庫，2010 年
日本経済団体連合会自然保護協会『環境 CSR 宣言企業と NGOP』同文舘出版，2008 年
▶学術書
勝部伸夫『コーポレート・ガバナンス序説』文眞堂，2004 年
企業メセナ協議会編『メセナ白書シリーズ』ダイヤモンド社
企業倫理研究グループ『日本の企業倫理企業倫理の研究と実践』白桃書房，2007 年
谷本寛治『CSR―企業と社会を考える―』NTT 出版，2006 年
谷本寛治『ソーシャル・エンタープライズ―社会的企業の台頭―』中央経済社，2006 年
日本経営倫理学会，水谷雅一『経営倫理』同文舘，2003 年

葉山彩蘭『企業市民モデルの構築―新しい企業と社会の関係―』白桃書房，2008 年
平田光弘『経営者自己統治論―社会に信頼される企業の形成―』中央経済社，2008 年
R. E, フリーマン，D. R. ギルバート Jr.『企業戦略と倫理の探求』文眞堂，1998 年
ムハマド・ユヌス『ソーシャル・ビジネス革命』早川書房，2010 年
森本三男『企業社会責任の経営学的研究』白桃書房，1994 年
▶ホームページ
「企業の社会的活動のホームページ集」
(http://www.keidanren.or.jp/japanese/profile/1p-club/link-kigyo.html)
経団連：1％クラブホームページ
(http://www.keidanren.or.jp/japanese/profile/1p-club/)

索　引

著者略歴

三戸　浩（みと　ひろし）

1953 年生まれ

1979 年　上智大学経済学部卒業

1985 年　京都大学大学院経済学研究科博士課程修了

現在　長崎県立大学経営学部教授

主著　『日本大企業の所有構造』（文眞堂，1983 年），『企業論』（共著，有斐閣，1999
年。第 4 版 2018 年），『バーリ＝ミーンズ』（編著，文眞堂，2013 年）など

執筆分担　第 1 章，第 6 章

池内　秀己（いけのうち　ひでき）

1955 年生まれ

1980 年　上智大学外国語学部卒業

1986 年　慶應義塾大学大学院商学研究科博士課程単位取得満期退学

現在　九州産業大学商学部教授

主著　『ビジネス系大学教育における初年次教育』（共著，学文社，2012 年），『グロー
バル人材を育てます』（監修・共著，学文社，2014 年），『企業論』（共著，有
斐閣，1999 年。第 4 版 2018 年）など

執筆分担　第 3 章，第 4 章

勝部　伸夫（かつべ　のぶお）

1956 年生まれ

1979 年　立教大学経済学部卒業

1986 年　立教大学大学院経済学研究科博士課程修了

現在　専修大学商学部教授・博士（経営学）

主著　『企業論』（共著，有斐閣，1999 年。第 4 版 2018 年），『ベンチャー支援制度の
研究』（共著，文眞堂，2002 年，中小企業研究奨励賞準賞），『コーポレート・
ガバナンス論序説―会社支配論からコーポレート・ガバナンス論へ―』（文眞
堂，2004 年）など

執筆分担　第 2 章，第 5 章

ひとりで学べる経営学【改訂版】

		検印省略
2006 年 6 月 30 日　第 1 版第 1 刷発行		
2012 年 10 月 31 日　補訂版第 1 刷発行		
2021 年 6 月 30 日　改訂版第 1 刷発行		

著　者　三　戸　　　浩

池　内　秀　己

勝　部　伸　夫

発行者　前　野　　　隆

東京都新宿区早稲田鶴巻町533

発行所　株式会社文　眞　堂

電　話 03（3202）8480

ＦＡＸ 03（3203）2638

http://www.bunshin-do.co.jp

郵便番号$\binom{162-}{0041}$振替00120-2-96437

製作・モリモト印刷

©2021

定価はカバー裏に表示してあります

ISBN978-4-8309-5128-2 C3034